0944

SÚMULAS, REPERCUSSÃO GERAL E RECURSOS REPETITIVOS

Crítica à estandardização do Direito e resgate hermenêutico

Conselho Editorial
André Luís Callegari
Carlos Alberto Alvaro de Oliveira
Carlos Alberto Molinaro
Daniel Francisco Mitidiero
Darci Guimarães Ribeiro
Elaine Harzheim Macedo
Eugênio Facchini Neto
Draiton Gonzaga de Souza
Giovani Agostini Saavedra
Ingo Wolfgang Sarlet
Jose Luis Bolzan de Morais
José Maria Rosa Tesheiner
Leandro Paulsen
Lenio Luiz Streck
Paulo Antônio Caliendo Velloso da Silveira

S259s   Sausen, Dalton.
    Súmulas, repercussão geral e recursos repetitivos: crítica à estandardização do Direito e resgate hermenêutico / Dalton Sausen. – Porto Alegre: Livraria do Advogado Editora, 2013.
    138 p.; 23 cm.
    Inclui bibliografia.
    ISBN 978-85-7348-850-0

    1. Hermenêutica (Direito). 2. Direito - Filosofia. 3. Direito - Normalização. 4. Súmulas (Direito). 5. Súmula vinculante. 6. Repercussão geral (Direito). 7. Recurso repetitivo. I. Título.

CDU 340.132
CDD 340.11

Índice para catálogo sistemático:
1. Hermenêutica : Direito   340.132

(Bibliotecária responsável: Sabrina Leal Araujo – CRB 10/1507)

Dalton Sausen

SÚMULAS, REPERCUSSÃO GERAL E RECURSOS REPETITIVOS

Crítica à estandardização do Direito e resgate hermenêutico

Porto Alegre, 2013

© Dalton Sausen, 2013

Capa, projeto gráfico e diagramação
Livraria do Advogado Editora

Revisão
Rosane Marques Borba

Direitos desta edição reservados por
Livraria do Advogado Editora Ltda.
Rua Riachuelo, 1300
90010-273 Porto Alegre RS
Fone/fax: 0800-51-7522
editora@livrariadoadvogado.com.br
www.doadvogado.com.br

Impresso no Brasil / Printed in Brazil

Aos meus pequeninos, Rafael e Lucas, que chegaram prematuramente no dia 25 de abril de 2009, quando começava este trabalho, e que encheram os meus dias de uma exuberante felicidade e gratidão pela simples possibilidade de existir e de saber que, daquele dia em diante, a vida seria ainda muito melhor e mais gratificante. Num autêntico paradoxo, personificaram a dificuldade em concluir este estudo, mas também a força e o incentivo necessários para superar o sono e o cansaço de todos os dias. Que este trabalho sirva de inspiração e motivação para vocês no futuro.

À Marlise, repito o que disse em outro lugar: "minha querida esposa, companheira inseparável de todos os momentos, a quem agradeço pelo imensurável incentivo", e agora acrescento: não seria demasiado dizer que devo este trabalho a ti, pois não fosse pela tua dedicação constante aos nossos queridos filhos, permutando diariamente as tuas horas de estudo, lazer e descanso em prol do meu estudo, certamente este dia não teria chegado. A ti, Marlise, minha gratidão e amor sem padrões, tal como o "espírito" que norteia este trabalho.

Ao meu pai João Darnilo Sausen, *in memoriam*.

"Isso é anacrônico? Espero que não. Juntamente com vários outros, estou nadando contra a maré. Esperemos a maré baixar."

(AGNES HELLER, *Além da justiça*, 1998)

À guisa de prefácio

O problema das efetividades quantitativas em *terrae brasilis* e sua ligação com a estandardização

por *Lenio Luiz Streck*

Historicamente ensinamos aos alunos que "direito é uma questão de caso concreto". Paradoxalmente, o passar dos anos nos tem mostrado que ocorreu um "esquecimento" do caso (concreto). Enfim, o direito foi sendo transformado em um conjunto de conceitos sem coisas. É o império dos significantes. A indústria dos manuais contribuiu sobremodo para o incremento do papel das ementas e dos ementários. Nesse universo, as antigas súmulas – não vinculante *stricto sensu* – e as novas (vinculantes) apenas sacramentaram um imaginário de fabricação de *standards*. Como se sabe, as súmulas, mesmo quando não vinculantes, detinham um forte poder de violência simbólica. Ao lado delas, as ementas sempre exerceram esse mesmo poder, por vezes superior às próprias leis, mormente se levarmos em conta a ideologia fortemente atrativa no mundo jurídico, pela qual "o direito é aquilo que o judiciário diz que é". Logo, com o tempo, não tratamos com a lei, mas, sim, com aquilo que o judiciário diz que ela é. Ou aquilo que a doutrina, seguindo o que o judiciário disse, constrói como o significado dominante da lei.

O advento da Constituição de 1988 provocou uma verdadeira corrida ao judiciário. Um forte ativismo foi sendo forjado, talvez muito mais decorrente do número e do tipo de demandas, do que por decorrência de fatores endógenos do Poder Judiciário. Ou seja, o Judiciário foi sendo fortalecido, invadindo competências, também – e talvez fundamentalmente por isso – porque os demais Poderes da República possibilitaram esse "processo expansivo".

O grande número de demandas foi recepcionado por um Judiciário acostumado com um modelo ainda de perfil "liberal-individualista". Ou seja, preparado para resolver demandas desse perfil, o

Judiciário não estava preparado para resolver questões de ordem transindividual. Aliado a esse problema, a cultura *standard* não se preocupou em construir condições adequadas para um novo modelo de direito proveniente do Constitucionalismo Contemporâneo, no qual o direito assume um elevado grau de autonomia. Isso significa dizer que o direito, agora sob esse novo paradigma, já não pode ser corrigido por argumentos morais ou argumentos (meramente) econômico-políticos. Isso aumenta a responsabilidade do Poder Judiciário.

Lamentavelmente, procedemos a uma importação inconveniente de teorias alienígenas. Isto é, se uma Constituição nova exige nossos modelos de interpretação-aplicação, deveríamos ter apostado na construção de teorias adequadas à nossa realidade e não incorporar modelos sem contexto fático-histórico. Foi o caso da importância da Jurisprudência dos Valores, da Teoria da Argumentação Jurídica e do ativismo norte-americano. Tais importações provocaram e/ou proporcionaram um alto grau de protagonismo judicial, cuja consequência é o ativismo.

Na medida em que o ativismo foi crescendo – nos seus diversos matizes, mormente com a aposta na ponderação de "valores" – desenvolveu-se uma fragmentação do *modus* aplicativo do direito. As causas-demandas foram multiplicadas a um número exorbitante, que fez com que o *establishment* reagisse com a criação de mecanismos vinculativos, como as súmulas vinculantes, a repercussão geral e o fenômeno de obstaculização dos recursos repetitivos.

Tenho chamado esse conjunto de medidas vinculativas de "adaptação darwiniana" do sistema. Ou seja, na medida em que a dogmática jurídica não construiu uma teoria da decisão que pudesse dar conta de efetividades qualitativas, o *establishment* optou pelo caminho mais curto: o de apostar em *standards* que resolvessem de antemão todas as futuras hipóteses de aplicação. Afinal, o que é uma súmula, se não uma tentativa de "antecipação de sentido"?

O prejuízo disso tudo é o sacrifício do caso concreto. Exatamente aquilo que sempre ensinamos para os alunos, ou seja, de que o direito deveria ser uma questão de exame de casos concretos e não de teses universalizantes.

É nesse contexto que se encaixa a obra de Dalton Sausen, que aqui prefacio. *Súmulas, Repercussão Geral e Recursos Repetitivos* é uma obra de fôlego que enfrenta exatamente o ponto nodal das reformas e da problemática das efetividades quantitativas. Sua matriz teórica é o melhor componente – na verdade, condição de possibilidade – para tratar da matéria. Efetivamente, a hermenêutica é o caminho apropriado para levantar o véu que encobre isso a que Dalton denomina, na esteira do que venho dizendo e do que Warat denunciava há tanto tempo, de estandardização do direito.

A nossa frágil tradição acerca do que seja "um caso concreto" ou "uma causa" faz com que os casos sejam obnubilados pelos ementários. O resultado disso é o enfraquecimento dos direitos de liberdade e os demais atinentes ao exercício dos direitos fundamentais-sociais.

Chegamos a esse estágio – que exigiu a radical aprovação da repercussão geral e das súmulas vinculantes – porque não investimos nas efetividades qualitativas. A institucionalização de uma cultura *prêt-à-porter*, representada pela proliferação de manuais de baixa densidade jurídica, fez com que o jurista (juízes, promotores, advogados) se contentassem com migalhas de significação. A agravar esse quadro o surgimento desta espécie de pós-modernidade fragmentadora, em que somos invadidos por informações e deixamos de lado a busca pelo saber e pela sabedoria.

Investir em efetividade qualitativa quer dizer compreender o exercício da jurisdição como um trabalho de profunda necessidade de fundamentação das decisões. Decisões malfundamentadas geram embargos, que geram outros embargos e que geram agravos e assim por diante. Tenho que os embargos declaratórios nunca foram uma solução, e, sim um problema. Na verdade, ao introduzirmos os embargos declaratórios, institucionalizamos a permissividade de se fundamentar de qualquer modo. O primeiro passo para se construir um judiciário que tenha em efetividades qualitativas o seu norte, é a eliminação desse perverso mecanismo denominado "embargos declaratórios". Em uma democracia, não é crível que uma decisão possa ser contraditória, obscura ou omissa. Isso tudo quando a Carta Magna estabelece que a fundamentação é obrigatória, sendo, verdadeiramente, um direito fundamental da parte. Há um conjunto de recursos que são criações sistêmicas com perfil de autopoiese, que, ao invés de descomplexizar o sistema, complexizam mais ainda. Esse é o paradoxo a ser enfrentado. Como bem diz Dalton, "soluções *ad hoc* não irão suplantar a crise do Poder Judiciário, porquanto o enfrentamento dela não requer apenas a contenção de demandas de massa e a supressão de recursos, que, em última análise, em face do modo de operar jurídico vigente, implicará, na prática, na violação de direitos e garantias fundamentais, mas, sim, comprometimento inarredável com decisões bem fundamentadas e que tenham por análise o caso concreto e não somente as teses jurídicas".

Por tais razões, a obra de Dalton Sausen, tratando de uma temática de tamanha relevância e atualidade, merece estar na listagem bibliográfica de todos os juristas que queiram fazer pesquisas aprofundadas acerca do fenômeno que envolve a interpretação e o seu produto final: a análise de casos e não simplesmente de teses jurídicas. Para que não tenhamos que desmentir aos alunos aquilo que sempre lhes ensinamos: a de que o direito é concretude e não abstração! Boa leitura!

Sumário

Introdução..15

1. O "constituir" da estandardização do Direito – evidências, contingências, sintomas e o desvelar do fenômeno...19

    1.1. A (in)efetividade do Estado (Poder Executivo) como agente de realização do estado do bem-estar social e a assunção pelo Poder Judiciário do papel de garantidor/realizador das promessas incumpridas da modernidade – evidências..23

    1.2. Os influxos (in)devidos da política e da economia nas decisões judiciais e a crise do Poder Judiciário como possíveis causas para a estandardização do Direito – contingências..27

    1.3. O sentido das reformas legislativas, o que elas de fato pretendem e o que estão proporcionando: "um nó górdio" a ser desatado – sintomas...............35

    1.4. O precedente como "ideal de um mundo jurídico homogeneizado" – o desvelar do fenômeno da estandardização do Direito..............................45

2. Constatações e superações necessárias em face do condicionamento discursivo decorrente dos significantes...55

    2.1. Afinal, para que(m) servem as Súmulas (Comuns e Vinculantes), Repercussão Geral e Recursos Repetitivos? – elementos de estandardização do Direito e bloqueio de acesso à justiça ou soluções possíveis/razoáveis para desafogar o sistema?..56

    2.2. O componente ideológico dos significantes: o controle social exercido pelo Supremo Tribunal Federal e pelo Superior Tribunal de Justiça a partir da pretendida homogeneização do Direito..65

    2.3. A necessidade da superação do mito do dado como condição de possibilidade para a (re)introdução da faticidade no mundo jurídico.............70

    2.4. O discurso do Outro como imperativo. Ou: a primazia do discurso do Outro no sentido comum teórico. Onde está o problema? O que é preciso mudar?.....76

3. Possibilidades (caminhos e construções possíveis) da hermenêutica filosófica para o controle da estandardização do Direito e o resgate/salvamento das Súmulas (Comuns e Vinculantes), Repercussão Geral e Recursos Repetitivos...85

    3.1. Por que a hermenêutica filosófica?...86

    3.2. O ser-aí e ser-no-mundo: o papel desvelador da fenomenologia hermenêutica como condição de possibilidade para a superação do *habitus dogmaticus* que alimenta a justiça estandardizada..93

3.3. A salvaguarda necessária da pré-compreensão, tradição, coerência e integridade como condição de possibilidade para o controle da estandardização do Direito..101

3.4. "Mínimo é" e "grau de objetivação abrangente": soluções possíveis da hermenêutica filosófica para as Súmulas, Repercussão Geral e Recursos Repetitivos e, por consequência, para o controle da estandardização do Direito...109

Conclusão..121

Referências..135

Introdução

O presente estudo, a partir de uma perspectiva crítica, trata das possibilidades da hermenêutica filosófica para o controle da estandardização do direito e uma solução possível para as súmulas, repercussão geral e os recursos repetitivos, hipótese que guarda relação com a necessidade de um novo olhar sobre o direito, mormente porque no paradigma vigente,[1] de um modo ou de outro, promove-se o sacrifício do caso concreto a pretexto de resolver as questões a partir do caso concreto, a separação de direito e fato, com o consequente abandono da faticidade, a cisão entre interpretar e aplicar, a mixagem de teorias com matrizes teóricas diferentes, cultiva-se a relação sujeito-objeto, as decisões são mal fundamentadas (para se dizer o menos), e, sobretudo, reproduz-se no lugar de produzir, através da utilização indevida de conceitos universalizantes, tudo para lograr, ao final, uma justiça quantitativa, descurando-se, fatalmente, da qualidade da prestação jurisdicional.

Nesse contexto paradigmático, ganha especial relevância a forma como são empregados/aplicados pela dogmática jurídica[2] não só as tradicionais súmulas (as "comuns"), mas também os novos instrumentos alcançados pela Emenda Constitucional n. 45, de 8 de dezembro de 2004, e recentes reformas processuais,[3] tais como súmulas vincu-

---

[1] Pelo que não se apresenta demasiada a inconformidade de Arthur Kaufmann no tocante à metodologia de interpretação das normas atualmente empregado, quando diz que: "ficamos com a impressão de que, neste campo, o tempo parou. Ainda é dominante o método subsuntivo igual ao utilizado no século XIX". KAUFMANN *apud* STRECK, Lenio Luiz. O efeito vinculante das súmulas e o mito da efetividade: uma crítica hermenêutica. *Revista do Instituto de Hermenêutica Jurídica*. Porto Alegre, v. 1, n. 3, p. 95, 2005.

[2] Adota-se o entendimento de Lenio Luiz Sreck a respeito do que vem a ser a dogmática jurídica, ou seja, "[...] como um conjunto de discursos prévios de fundamentação que dispensam o mundo prático, buscando dar todas as respostas antes das perguntas". (In: STRECK, Lenio Luiz. *O que é isto – decido conforme a minha consciência?* Porto Alegre: Livraria do Advogado, 2010, p. 37.

[3] Exemplificativamente, podem ser citadas as seguintes leis: 11.187, de 19.10.2005; 11.232, de 22.12.2005; 11.276 e 11.277, de 7.2.2006; e 11.280, de 16.2.2006; 11.382, de 6.12.2006, 11.417, de 19.12.2006; 11.418, de 19.12.2006; 11.419, de 19.12.06; 11.441, de 4.1.07; e 11.672, de 8.5.08. BRASIL. Leis ordinárias. Disponíveis em: www.planalto.gov.br/ccivil_03/Leis/_Lei-Ordinaria.htm. Acesso em : 12 de jul. de 2010.

lantes, repercussão geral e recursos repetitivos, ou seja, como verdadeiros instrumentos de estandardização e bloqueio de acesso à justiça, denotando, com toda a força, a espiral que envolveu o sistema jurídico brasileiro, deixando entrever, senão a sua falência, pelo menos a sua incapacidade em atender/assegurar de modo eficaz os direitos constitucionais dos cidadãos, bem como a ilusória pretensão de um mundo homogeneizado, não tão somente no sentido econômico, mas, sobretudo no aspecto cultural, acalentando o sonho de um mundo culturalmente uniforme, contrariando o próprio sentido da cultura, que, como se sabe, necessita da diversidade para sobreviver.[4]

Como há muito já salientou Lenio Luiz Streck,[5] ilação igualmente aplicável aos institutos da repercussão geral e dos recursos repetitivos,

> [...], não se pode dizer que a Súmula é um mal em si. Considere-se o papel criativo da interpretação e sua importância como processo revitalizador do ordenamento jurídico, é dizer, não se está ignorando que as Súmulas significaram um avanço na interpretação de diversas leis no país.

Daí que a utilização (in)devida desses (novos) mecanismos pela dogmática jurídica requer também um novo olhar sobre o direito, desta feita, alicerçado na hermenêutica filosófica, mormente a partir da teoria construída por Lenio Luiz Streck, fruto da simbiose entre as teorias de Hans-Georg Gadamer e Ronald Dworkin, buscando a construção de soluções que permitam não só o resgate/salvação das súmulas, repercussão geral e recursos repetitivos, mas, sobretudo, controlar a escalada da estandardização do direito.

O presente estudo, como não poderia deixar de ser, tendo em vista a matriz teórica adotada, e, ainda, em face do lugar ocupado no mundo jurídico pelo autor, já que advogado, e, por isso, relacionado/implicado diretamente com o paradigma vigente, interagindo com ele e sofrendo as suas consequências, tem como fio condutor o "método" fenomenológico hermenêutico.

A par disso, impõe-se a incursão pelo próprio "constituir" da estandardização do direito, o que será empreendido no primeiro capítulo, sob o título "O 'constituir' da estandardização do direito – evidências, contingências, sintomas e o desvelar do fenômeno", a partir da análise da (in)efetividade do Estado (Poder Executivo) como agente de realização do Estado do Bem-Estar Social e a assunção pelo Poder Judiciário do papel de garantidor/realizador das promessas incumpridas da mo-

---

[4] SILVA, Ovídio A. Baptista da. Advocacia de tempos de crise. *Revista Magister de Direito Civil e Processual Civil*. Porto Alegre, n. 28, p. 96-97, 2009.

[5] STRECK, Lenio Luiz. *Súmulas no direito brasileiro, eficácia, poder e função:* a ilegitimidade constitucional do efeito vinculante. 2. ed. Porto Alegre: Livraria do Advogado, 1998, p. 249.

dernidade, dos influxos (in)devidos da política e da economia nas decisões judiciais e a crise do Poder Judiciário como possíveis causas para a estandardização do direito, do sentido das reformas processuais, o que elas de fato pretendem e o que estão proporcionando e, ainda, do desvelar desse fenômeno da estandardização do direito, consubstanciado, indubitavelmente, no "precedente como ideal de um mundo jurídico homogeneizado".

No segundo capítulo, denominado "Constatações e superações necessárias em face do condicionamento discursivo decorrente dos significantes", será empreendida análise em relação às súmulas (comuns e vinculantes), repercussão geral e recursos repetitivos, com o escopo de investigar para que e a quem servem esses mecanismos, e, ainda, se são eles elementos de estandardização e bloqueio de acesso à justiça ou soluções possíveis/razoáveis para desafogar o sistema jurídico brasileiro. Logo em seguida, realizar-se-á análise do controle social exercido atualmente pelo Supremo Tribunal Federal (STF) e Superior Tribunal de Justiça (STJ) a partir da pretendida homogeneização do direito, sob a perspectiva do componente ideológico dos significantes. Mais adiante, far-se-á análise da necessidade da superação do mito do dado como condição de possibilidade para a (re)introdução da faticidade no mundo jurídico, bem como investigação em relação à primazia do discurso do Outro no sentido comum teórico, sua correlação com o paradigma vigente, sua gênese e, ainda, o que é preciso mudar em face desse fenômeno.

Na última parte do livro, no capítulo denominado "Possibilidades (caminhos e construções possíveis) da hermenêutica filosófica para o controle da estandardização do direito e o resgate/salvamento das súmulas (comuns e vinculantes), repercussão geral e recursos repetitivos", será explicitado, num primeiro momento, o porquê da adoção da hermenêutica filosófica como condição de possibilidade para a superação do paradigma vigente. Em seguida, será tratado do papel desvelador da fenomenologia hermenêutica para a superação do *habitus dogmaticus* que alimenta a justiça estandardizada, especialmente a partir da estrutura prévia da compreensão desenvolvida por Martin Heidegger. Depois, destacar-se-á a necessidade da salvaguarda da pré-compreensão, tradição, coerência e integridade, como condição de possibilidade para o controle da estandardização do direito. Por fim, tratar-se-á das soluções possíveis da hermenêutica filosófica para o controle da estandardização do direito e para o resgate hermenêutico das súmulas, repercussão geral e recursos repetitivos, a partir da teoria construída por Lenio Luiz Streck, e daquilo que ele tem denominado de "mínimo é" e "grau de objetivação abrangente".

1. O "constituir" da estandardização do Direito – evidências, contingências, sintomas e o desvelar do fenômeno

A pretensão pela imposição de versões unívocas[6] não é uma exclusividade do direito,[7] porquanto em quase todos os campos do conhecimento humano há um ideal sempre presente de estabilização dos conflitos e da produção da resposta pela via da padronização. Almeja-se, quase sempre, a construção do resultado pelo já-dado, pela via do saber pré-fabricado.[8] Afora outras circunstâncias, quase inumeráveis, poder-se-á dizer que esse desiderato de padronização, a despeito de se tratar de um processo quase sintomático da humanidade, guarda relação com a necessidade de buscar soluções céleres – com o menor esforço cognitivo possível – atendendo à velocidade do mundo pós-moderno, mas, ainda, e sem dúvida, com a própria incapacidade do homem de ir além do ponto de chegada, ou, como disse Luis Alberto Warat: "Os homens estão demasiado manuseados prisioneiros, temerosos de ir além do estereótipo autorizado".[9]

Muito embora a estandardização do direito não seja um fenômeno apenas contemporâneo e decorrente de uma única causa, como se

---

[6] Nesse sentido, Warat explicita que "Existe uma permanente luta na sociedade para impor versões unívocas do mundo. É a guerra do um contra o outro um". In: WARAT, Luis Alberto. *A Ciência Jurídica e seus dois maridos.* 2. ed. Santa Cruz do Sul: Edunisc, 2000, p. 82.

[7] Também, nesse sentido, elucidativa a observação de Warat: "Pode-se dizer que, numa ordem de significações autoritárias, o princípio de hierarquização da sociedade permite a vigência de linguagens que estereotipam os hábitos, impondo critérios de distinção social. Existe um conjunto de discursos sociais que permite classificar hierarquicamente os sujeitos sociais. No mesmo ponto de hierarquia social, os indivíduos se exprimem no meio de gestos, estilos de vida, modismos expressivos, formas de lazer ou outros tipos de condutas padronizadas como inseparáveis de seu estamento social. Trata-se de processos de rotulação que cumprem a ampla função de classificar socialmente os outros e a nós mesmos. Assim, o mundo fica autoritariamente dividido em vulgares e refinados, pelo apelo a uma ampla gama de conceitos unificadores". Ibid., p. 137-138.

[8] Ibid., p. 139.

[9] Ibid., p. 195.

pretende demonstrar logo em seguida, ela tem se mostrado cada vez mais "assimilada" pela comunidade jurídica, porquanto não há mais demonstração de inconformidade com as soluções já dadas – consubstanciadas em discursos de fundamentação prévia –, pois, no Brasil, os Tribunais Superiores passaram a ser os produtores iniciais e finais dos sentidos e significações da lei. O direito passa a ser – quase que exclusivamente – aquilo que é dito e repetido pelos pretórios.[10]

Os operadores do direito, por sua vez, olvidando-se das especificidades do caso concreto, e, sobretudo, da vida encartada nos processos, reprisam com toda a fidelidade possível a "versão padrão" publicizada pelos tribunais daquilo que é o direito, e, não raras vezes, o fazem com orgulho, enaltecendo que determinada decisão representa o entendimento "uníssono" do Tribunal Superior.

Nesse sentido, o imaginário dos operadores do direito encontra-se colonizado por uma espécie de "sentido comum teórico",[11] produzido quase que diariamente pelas Cortes Superiores, de que os problemas que afligem o Poder Judiciário, e que resultam em uma prestação jurisdicional deficiente, encontrarão solução nos discursos de fundamentação prévia, cujos exemplos mais refinados são as súmulas (vinculantes ou não) e os institutos da repercussão geral e dos recursos repetitivos, que permitem o julgamento quase que instantâneo de várias centenas de processos em um único dia, sem que seja ao menos necessário cotejar os fatos do processo com o precedente utilizado.

Demonstração clara desse fenômeno vem personificada fundamentalmente pela adoção dos precedentes como uma espécie de "ideal de homogeneização do pensamento jurídico", porquanto as causas não são mais resolvidas levando-se em conta a faticidade nelas inserida, mas a partir da adoção indiscriminada de conceitos universalizantes, aplicados de forma descontextualizada do caso concreto, para resolver um sem-número de casos, como se todos fossem absolutamente idênticos.

Faz-se necessário, igualmente, atentar para o conteúdo ideológico desse "ideal de homogeneização do pensamento jurídico" produzi-

---

[10] MACCORMICK, Neil. *Retórica e o Estado de Direito:* uma teoria da argumentação jurídica. Tradução de Conrado Hübner Mendes e Marcos Paulo Veríssimo. Rio de Janeiro: Elsevier, 2008, p. 192.

[11] Expressão cunhada por Warat, *verbis:* "Analisando, há alguns anos, estes mesmos problemas, para o caso específico da produção das verdades jurídicas 'sentido comum teórico dos juristas' ao sistema de produção da subjetividade que coloca os juristas na posição de meros consumidores dos modos instituídos da semiotização jurídica". In: WARAT, Luis Alberto. *Introdução geral ao direito II:* a epistemologia jurídica da modernidade. Tradução de José Luis Bolzan. Porto Alegre: Fabris, 1995, p. 69.

do pelos Tribunais Superiores a partir da utilização dos significantes (personificados em súmulas, repercussão geral e recursos repetitivos), mormente o Supremo Tribunal Federal e o Superior Tribunal de Justiça, porquanto pode ser a revelação de uma forma de controle social, pois o direito passa(rá) a ser quase que exclusivamente aquilo que é dito por eles.

Diante desse contexto paradigmático, afigura-se insofismável a constatação de que no direito pátrio os fatos estão mortos, sobreviveram apenas as teses. A comunidade jurídica vive e sobrevive nas palavras, não mais na realidade, em face do condicionamento discursivo.[12]

Nesse sentido, vale explicitar que até mesmo Neil MacCormick, defensor confesso das práticas deducionistas, chama a atenção para o fato de que o direito, inclusive em países da *Common Law*, não pode ficar relegado àquilo que é dito pelos tribunais:

> Em algumas tradições jurídicas, precedentes são reconhecidos apenas como indicadores da melhor maneira de interpretar o Direito codificado ou legislado. Essa visão depende de um entendimento estrito da separação de poderes como elemento que sustenta o Estado de Direito. Como juízes não são legisladores, suas decisões não podem ser aceitas como algo mais do que o Direito produzido pelo legislador. Em outros sistemas e tradições, outra visão prevalece. Precedentes são reconhecidos como uma fonte a partir da qual deriva um certo tipo de Direito, o Direito Jurisprudencial (*case-law*). Nos tempos recentes, pelo menos, é preciso alertar que, mesmo nos países da *Common Law*, Direito jurisprudencial puro é relativamente raro.[13]

Daí que o ponto de partida na análise desse "constituir" da estandardização do direito (compreendendo-se esse fenômeno como a utilização pelos Tribunais, mormente os Superiores, de discursos de fundamentação prévia personificados em súmulas e precedentes emanados das decisões em que foi reconhecida a repercussão geral e os denominados recursos repetitivos para resolver casos futuros de forma generalizada, com a desconsideração da especificidade do caso concreto, enfim, partindo de um grau zero de sentido, a partir da lógica significantes/significados, e consequente aceitação e difusão dessa prática pelas instâncias inferiores e operadores do direito), poderia ser a indagação desatada por Hannah Arendt, no livro "A condição Humana",

---

[12] WARAT, Luis Alberto. *A ciência jurídica e seus dois maridos*. 2. ed. Santa Cruz do Sul: Ednuisc, 2000, p. 19.

[13] MACCORMICK, Neil. *Retórica e o estado de direito:* uma teoria da argumentação jurídica. Tradução de Conrado Hübner Mendes e Marcos Paulo Veríssimo. Rio de Janeiro: Elsevier, 2008, p. 192.

qual seja: "O que proponho, portanto, é muito simples: trata-se apenas de refletir sobre o que estamos fazendo".[14]

Sim, exatamente, esse é o ponto crucial. É preciso, diante desse fenômeno da estandardização do direito, e tendo-se em conta a justiça construída e, sobretudo, a almejada, ver o que (não) está sendo feito para alcançá-la, porquanto restaram perdidos pelo caminho – ou nem sequer foram encontrados – alguns baluartes da justiça desejada (como eficácia, escolha racional, segurança e rapidez),[15] ou, o que é pior, foram permutados, simplesmente, por resultados quantitativos, ideal primeiro da estandardização do direito.

Nesse contexto, ganha relevo a análise da (in)efetividade do Estado (Poder Executivo) como agente de realização do Estado do Bem-Estar Social e a assunção pelo Poder Judiciário do papel de garantidor/realizador das promessas incumpridas da modernidade, a investigação dos influxos (in)devidos da política e da economia nas decisões judiciais, e a própria "crise do Poder Judiciário", assim como o sentido das reformas processuais recentemente implementadas, principalmente aquelas no âmbito do processo civil, e as que ainda estão em análise no Congresso Nacional,[16] e a própria concepção da dogmática jurídica em relação aos precedentes, como possíveis causas do "constituir" desse fenômeno da estandardização do direito.

Evidentemente que não há uma pretensão de totalidade no que se refere à análise desse "constituir" da estandardização do direito, porquanto, e por óbvio, outras circunstâncias certamente podem e devem influenciar na ocorrência desse fenômeno, e, é possível, até em maior grau. Entretanto, inarredável que as questões adiante analisadas, de uma ou de outra forma, confluem para a estandardização do direito que encontra o seu desvelar no precedente, mais precisamente no que se refere à compreensão e utilização dele pela dogmática jurídica, daí por que apontadas como evidências, contingências, sintomas e o desvelar do fenômeno. Dito de outro modo, os subcapítulos a seguir desenvolvidos encerram temas que denotam evidências, contingências, sintomas e o desvelar da estandardização do direito.

---

[14] ARENDT, Hannah. *A Condição Humana*. Tradução de Roberto Raposo. 10. ed. Rio de Janeiro: Forense, 2005, p. 13.

[15] Nesse sentido, conferir: SALDANHA, Jânia Maria Lopes. *O desvelar (alethéia) da sumariedade como condição de possibilidade para uma prestação jurisdicional efetiva*: uma tentativa de substancialização do direito processual civil. Tese de Doutorado. Universidade do Vale do Rio dos Sinos, 2004, passim.

[16] A referência é ao Projeto de Lei n. 166/10, denominado de " Novo Código de Processo Civil". BRASIL. Senado Federal. *PLS – Projeto de Lei do Senado, nº 166 de 2010*. Disponível em: http://www.senado.gov.br. Acesso em: 15 de out.de 2010.

1.1. A (in)efetividade do Estado (Poder Executivo) como agente de realização do estado do bem-estar social e a assunção pelo Poder Judiciário do papel de garantidor/realizador das promessas incumpridas da modernidade – evidências

Apesar de os ideais comunitários terem vingado no embate entre "comunitaristas" e "conservadores"[17] durante o processo constituinte, que resultou na Constituição da República de 1988, é possível que os próprios comunitaristas já não acreditem mais na efetivação do Estado do Bem-Estar Social no Brasil. Dito de outro modo, as evidências são fortes de que o Estado fracassou nesse papel constitucional, de sorte que não restaram alcançados os avanços sociais preconizados pela modernidade.

Daí que essa crise do papel (a ser) desempenhado pelo Estado (Poder Executivo) coloca o Brasil, irremediavelmente, no rol dos países aos quais se convencionou denominar de "países de modernidade tardia", e, conforme Lenio Luiz Streck, "No Brasil, a modernidade é tardia e arcaica. O que houve (há) é um simulacro de modernidade".[18]

E essa responsabilidade de efetivar os direitos constitucionais, conforme se dessume da exposição de Mauro Cappelletti,[19] compete, precipuamente, ao Estado:

> Tornou-se lugar comum observar que a atuação positiva do Estado é necessária para assegurar o gozo de todos esses direitos sociais básicos. Não é surpreendente, portanto, que o direito ao acesso à justiça tenha ganho particular atenção na medida em que as reformas do welfare state têm procurado armar os indivíduos de novos direitos substantivos em sua qualidade de consumidores, locatários, empregados e, mesmo, cidadãos. De fato, o direito ao acesso efetivo tem sido progressivamente reconhecido como sendo de importância capital entre os novos direitos individuais e sociais, uma vez que a titularidade de direitos é destituída de sentido, na ausência de mecanismos para sua efetiva reivindicação.

Conforme aduz Lenio Luiz Streck:[20] "É evidente, pois, que em países como o Brasil, em que o Estado social não existiu, o agente principal de toda política social dever ser o Estado".

---

[17] De acordo com Cittadino, no embate entre comunitários e conservadores, aquele grupo sagrou-se vitorioso, de modo que vingaram na Carta Magna de 1988 os ideais comunitários. CITTADINO, Gisele. *Pluralismo, direito e justiça distributiva:* elementos da filosofia constitucional contemporânea. 4. ed. Rio de Janeiro: Lumen Juris, 2009, p. 31-37.

[18] STRECK, Lenio Luiz. *Hermenêutica jurídica e (m) crise:* uma exploração hermenêutica da construção do direito. 6. ed. Porto Alegre: Livraria do Advogado, 2005, p. 43.

[19] CAPPELLETTI, Mauro; GARTH, Bryant. *Acesso à justiça.* Tradução de Ellen Gracie Northfleet. Porto Alegre: Fabris, 1988, p. 11.

[20] STRECK, op. cit., p. 25.

Há de se acentuar que a função de realização de direitos constitucionais pelo Estado, via Poder Executivo, sobretudo no Brasil, ganha especial relevância em face da organização constitucional dos poderes e correspondente atribuição de competências, tal como se observa no Título IV da Constituição da República,[21] de modo que cada Poder tem delimitado de forma mais precisa possível as suas atribuições.

A despeito dessa premissa de separação dos Poderes albergada constitucionalmente, é sabido que em países de modernidade tardia, tal como o Brasil, em que o Poder Executivo cumpre mal, ou nem mesmo cumpre seu papel de realização de direitos, o Poder Judiciário acaba servindo como agente, não só de harmonização de eventuais diferenças entre os Poderes Legislativo e Executivo, mas, sobretudo, como garantidor da efetividade dos direitos constitucionais.[22]

Nesse sentido, o que se observa, apesar dessa delimitação de competências e atribuições, é a (in)efetividade do Estado no cumprimento do seu papel de agente promotor do Estado do Bem-Estar Social – via Poder Executivo –, de modo que o Poder Judiciário, que não pode se desincumbir de outra forma que não seja através de repostas satisfatórias ou razoáveis à cidadania, em face do deslocamento da tensão dos outros dois Poderes (Executivo e Legislativo, que se mostram inertes ou ineficientes, ao menos em relação à efetivação das políticas sociais), passou a ocupar no Brasil, sobretudo a partir do advento da Constituição da República de 1988, papel absolutamente relevante no que diz respeito à efetivação/concretização dos direitos, mormente os sociais, fazendo "às vezes" do Poder Executivo, fato que contribuiu (e continua a contribuir), inevitavelmente, para o surgimento (manutenção) do que se convencionou denominar de "crise do Poder Judiciário", e, por corolário lógico, para a estandardização do direito.

Cabe ressaltar, desde logo, que essa crise enfrentada pelo Poder Judiciário tem raízes também, obviamente, na própria alteridade da vida em sociedade, porquanto é sabido que o mundo oferece a oportunidade de experimentar gozos diversos e explorar um sem-número de

---

[21] BRASIL. Constituição (1988), *Constituição da República Federativa do Brasil:* promulgada em 5 de outubro de 1988. 40. ed. São Paulo: Saraiva, 2007, p. 62-63.

[22] Aliás, isso já era advertido há muito por Lenio Streck: "[...] não há dúvidas em afirmar que o Poder Judiciário não pode continuar com uma postura passiva diante da Sociedade. Nessa perspectiva aqui sustentada, entendo que o Poder Judiciário (entendido como justiça constitucional) deve ter uma nova inserção no âmbito das relações dos poderes de Estado, levando-o a transcender as funções de *checks and balances*, mediante uma atuação que leve em conta a perspectiva de que os valores constitucionais têm precedência mesmo contra textos legislativos produzidos por maiorias parlamentares (que, a toda evidência, devem obediência à Constituição). In: STRECK, Lenio Luiz. Hermenêutica e concretização da constituição: as possibilidades transformadoras do direito. *Revista Latino-Americana de Estudos Constitucionais.* Belo Horizonte, v. 1, n.1, p. 703-704, 2003.

situações, mormente quando se observa que o direito propõe, hodiernamente, uma resposta legal a todos os principais motivos desencadeados pela alteridade e pela desigualdade, levando à percepção de que toda e qualquer reivindicação é legítima e tem de ser satisfeita.[23] Nesse sentido, é percuciente a observação de Charles Mellmann,[24] *verbis*: "E, como hoje em dia o direito deve seguir a evolução dos costumes, estará presente para legitimar as mais excêntricas exigências".

Disso decorre, consequentemente, a intolerância de quem se serve do Poder Judiciário para a solução das diferenças verificadas no "experimento dos gozos diversos",[25] resultante, evidentemente, do conflito de interesses. A dificuldade reside, nessa seara, na aceitação das diferenças que não podem ser totalmente erradicadas,[26] de modo que a questão central é identificar até onde é possível avançar sem interferir ou provocar ranhuras na estrutura democrática. Nessa esteira, Sandra Regina Martini Vial explicita que:

> [...], não restam dúvidas de que o sistema democrático é o sistema caracterizado pelo reconhecimento das diferenças e contradições, onde liberdade e igualdade significam muito mais do que seus sentidos próprios, tendo em vista que simbolizam a complexidade e a necessária busca de sua redução. Porém, a busca pela redução da complexidade não pode ser a porta de entrada para situações que visem à redução do reconhecimento desta, uma vez que se corre o risco de se estabelecer discursos singulares e falaciosos, onde se diminui o sentido da democracia e consequentemente forma-se uma visão limitada do âmbito de abrangência das práticas democráticas.[27]

Entretanto, mesmo sendo certo que o Poder Judiciário não estava preparado – seja por questões estruturais ou funcionais – para enfrentar a ascensão da cidadania em relação aos avanços democráticos da Constituição da República de 1988, ao avocar esse papel de realização das promessas incumpridas da modernidade, ao que parece, em última análise, relegado pelo Estado em face do ideal neoliberal assentado no Brasil a partir dos anos 90,[28] além da natural necessidade de admi-

---

[23] MELMAN, Charles. *O homem sem gravidade*: gozar a qualquer preço. Tradução de Sandra Regina Felgueiras. Rio de Janeiro: Companhia de Freud, 2003, p. 95-106.

[24] Ibid., p. 181.

[25] Ibid., p. 95.

[26] Conforme Ovídio Baptista da Silva: "As soluções que devemos esperar do Direito serão apenas razoáveis, porém, 'suficientemente razoáveis', resultantes, quase sempre, de um compromisso difícil entre valores às vezes inconciliáveis, cuja coexistência lhe cabe organizar". SILVA. Ovídio Araújo Baptista da. *Jurisdição, direito material e processo*. Rio de Janeiro: Forense, 2008, p. 140.

[27] VIAL, Sandra Regina Martini. Democracia: liberdade, igualdade e poder. In: STRECK, Lenio Luiz; MORAIS, Jose Luis Bolzan de Morais (Org.). *Constituição, sistemas sociais e hermenêutica*: programa de pós-graduação em direito da UNISINOS: mestrado e doutorado, Porto Alegre; São Leopoldo, n. 5, p. 205, 2009.

[28] Nesse sentido explicita Vianna: "Os anos 90 trazem, então, a confirmação da supremacia eleitoral do 'partido neoliberal', agora favorecida por uma importante alteração na composição da

nistração da própria alteridade da vida em sociedade e, sobretudo, do papel constitucional que lhe foi conferido pela Carta Magna de 1988, ele acaba, não só por proporcionar o recrudescimento dessa crise, como também por interferir no papel constitucionalmente destinado ao Poder Executivo, ou seja, de agente de realização/concreção dos direitos constitucionais, mas, ainda, por promover o fechamento parcial do sistema (sob o aspecto cognitivo) via estandardização do direito, através da utilização (in)devida de determinados mecanismos fornecidos pela Emenda Constitucional n. 45 e também pelas últimas reformas processuais.

Dessarte, o Poder Judiciário, premido por essas circunstâncias acima referidas, das quais não pode se furtar em face do seu papel constitucional, e auxiliado pela dogmática jurídica – a partir de sucessivas reformas legislativas e do desvirtuamento de institutos, tais como súmulas (comuns e vinculantes), repercussão geral e recursos repetitivos, que, como diz Lenio Luiz Streck, "não são um mal em si",[29] – e, ainda, pelo "sentido comum teórico"[30] dos operadores do direito, passou a promover, paulatinamente, como forma de resolução imediata de seus problemas estruturais e funcionais, desencadeados especialmente pela assunção do papel de concretização dos direitos constitucionais e das promessas incumpridas da modernidade, a expulsão da faticidade do mundo jurídico.

Aliás, com esse processo de exorcização dos fatos do mundo jurídico, a partir da aplicação de conceitos universalizantes, descontextualizados do caso concreto, restou trilhado o caminho que faltava para a implementação da redução meramente quantitativa dos processos, premissa inarredável do ideal neoliberal, em detrimento das efetividades qualitativas da prestação jurisdicional, e, por conseguinte, aberta a possibilidade para a estandardização do direito.

Indubitável, portanto, que essa conjuntura acima delineada se apresenta como uma evidência ensejadora da estandardização do di-

---

maioria parlamentar, que passa a se alinhar em torno do caminho das reformas empreendidas pelo Executivo, [...]. Destaque-se que a derrota do Plano Cruzado, concebido e levado a cabo pelo que se vem chamando aqui de uma matriz republicana e comunitarista, não só desorganizou esse campo, fazendo com que ele perdesse a confiança em suas próprias possibilidades, como, sobretudo, o levou ao descrédito diante da opinião pública em geral. Com isso, estava aberto o terreno para o aprofundamento da experimentação neoliberal, o que implicava a reforma de algumas instituições da Carta de 1988". VIANNA, Luiz Werneck *et al. A judicialização da política e das relações sociais no Brasil.* Rio de Janeiro, Editora Revan, 1999, p. 49.

[29] STRECK, Lenio Luiz. *Súmulas no direito brasileiro, eficácia, poder e função:* a ilegitimidade constitucional do efeito vinculante. 2. ed. Porto Alegre: Livraria do Advogado, 1998, p. 249.

[30] WARAT, Luis Alberto. *Introdução geral ao direito II:* a epistemologia jurídica da modernidade. Tradução de José Luis Bolsan. Porto Alegre, 1995, p. 69.

reito, pelo que importa analisar os influxos (in) devidos da política e da economia nas decisões judiciais e a crise do Poder Judiciário também como possíveis causas desse fenômeno.

1.2. Os influxos (in)devidos da política e da economia nas decisões judiciais e a crise do Poder Judiciário como possíveis causas para a estandardização do Direito – contingências

Como parece evidente, não seria crível imaginar que as decisões proferidas pelo Poder Judiciário, sobretudo pelas Cortes Superiores, pudessem ficar inteiramente alheias às questões políticas, como poderia se supor de uma concepção kelseniana.[31] Da mesma forma, incompreensível nos tempos hodiernos – de globalização – que a economia deixasse de exercer/influenciar, mesmo que indiretamente, os comandos judiciais.[32]

O problema, todavia, não está propriamente nos influxos da economia e da política[33] no direito, que, consoante asseverado, se apresentam evidentes e até necessários sob a ótica dos reflexos sociais das decisões, mas até onde devem ir e quando isso pode ocorrer. Nessa esteira, Dworkin refere que:

> [...] a prática jurídica é um exercício de interpretação não apenas quando os juristas interpretam documentos ou leis específicas, mas de modo geral. O Direito, assim concebido, é profunda e inteiramente político. Juristas e juízes não podem evitar a política no sentido amplo da teoria política. Mas o direito não é uma questão de política pessoal ou partidária, e uma crítica do Direito que não compreenda essa diferença fornecerá uma compreensão pobre e uma orientação mais pobre ainda.[34]

Em relação à política, a dificuldade reside justamente em conseguir evitar que sejam protegidos pelas decisões judiciais interesses estreitos e escusos de minorias abastadas, sempre hábeis em lograr o que

---

[31] KELSEN, Hanz. *Teoria pura do direito*. Tradução de João Baptista Machado. 7. ed. São Paulo: Martins Fontes, 2006. *passim*.

[32] Perelman assegura que "[...] sistema jurídico não é um sistema fechado, isolado do contexto cultural e social no qual se insere, pelo contrário, sofre constantemente seu influxo". PERELMAN, Chäim. *Lógica Jurídica*: nova retórica. Tradução de Vergínia K. Pupi, 2. ed. São Paulo: Martins Fontes, 2004, p. 115.

[33] Dworkin refere que: "Naturalmente, as decisões que os juízes tomam devem ser políticas em algum sentido". DWORKIN, Ronald. *Uma questão de princípio*. Tradução de Luís Carlos Borges. São Paulo: Martins Fontes, 2001, p. 3.

[34] DWORKIN, Ronald. *Uma questão de princípio*. Tradução de Luís Carlos Borges. São Paulo: Martins Fontes, 2001, p. 217.

pretendem, ou, ainda, do próprio governo e seus entes estatais, não menos habilidosos na obtenção de vantagens, na sua maioria, sempre em desfavor da população.

Sem dúvida que o antídoto para a ingerência política indevida – a pessoal e a partidária –, que sustenta há muito determinadas castas no Brasil, é um Judiciário forte e, sobretudo, independente, não com juízes apolíticos, mas apartidários.[35] Nesse sentido, e conforme Dalmo Dallari:[36]

> É preciso que os juízes queiram ser independentes e trabalhem para isso. Na realidade, as transigências frequentes, a renúncia aos seus valores próprios, a tolerância com a violência e a arbitrariedade, a aceitação das "razões de Estado", a adoção de teses que implicam a negação de convicções solenemente proclamadas, tudo isso, que tem estado presente no comportamento da magistratura como instituição, permite a suposição de que, na realidade, a magistratura não quer ser independente.

Por consequência, e nesse contexto, como assevera Castanheira Neves,[37] a autonomia do direito é fundamental, na medida em que o último e verdadeiramente direito do homem é o direito ao direito.

É inegável, por outro lado, a relação existente entre direito e economia, de modo que os influxos são recíprocos, não sendo por acaso a proeminência dos discursos de segurança jurídica a sustentar o cumprimento das avenças e o respeito à propriedade privada.[38] Da mesma forma que em relação à política, o problema reside, no particular, no alcance dessa influência da economia sobre o direito.

Nesse sentido, Alexandre Morais da Rosa[39] denuncia que, de acordo com o discurso prevalecente, o direito foi relegado à condição subserviente, como instrumento de efetivação das políticas econômicas. A corroborar tal assertiva, basta observar que os Tribunais Superiores, em um sem-número de vezes, acabam por sufragar unicamente os interesses econômicos do Estado, em flagrante detrimento de interesses sociais.

Dessa forma, assentadas as premissas do neoliberalismo no combate às ideias do Estado do Bem-Estar Social, apregoando que o Estado

---

[35] DALLARI, Dalmo de Abreu. *O poder dos juízes*. 2. ed. rev. São Paulo: Saraiva, 2002, p. 87.

[36] Ibid., p. 61.

[37] NEVES, Castanheira. *O direito hoje e com que sentido? O Problema actual da autonomia do Direito*. Lisboa: Instituto Piaget, 2002, p. 73.

[38] Nesse sentido: "O capitalismo, para acomodar os indivíduos em seu proveito, impõe modelos de desejo. Assim, circulam modelos de infância, de pai, de casamento, todos construídos em nome do dever e da verdade. Dessa forma, no centro do desejo, fica instalada a propriedade". WARAT, Luis Alberto. *A Ciência Jurídica e seus dois maridos*. 2. ed. Santa Cruz do Sul: Edunisc, 2000, p. 38.

[39] ROSA, Alexandre Morais da; LINHARES, José Aroso. *Diálogos com law & economics*. Rio de Janeiro: Lumen Juris, 2009, p. 8.

deve ser mínimo na busca da "Justiça Social", esta a ser regulada pelo próprio mercado, mas agir de forma austera na esfera penal, combatendo os anseios por uma atuação estatal paterna,[40] é que o direito tem sofrido os influxos da ordem econômica.

A concepção neoliberal, ao que parece, assentada de modo inarredável, acabou por afastar no Brasil o Estado do seu papel de garantidor-realizador do Estado do Bem-Estar Social, relegados, nesse diapasão, os direitos fundamentais assegurados pela Constituição da República de 1988, que os havia instituído, restando ao Poder Judiciário a "obrigação", obviamente quando instado a isso, de tentar suprir a lacuna social.[41]

De acordo com o esposado por Alexandre Morais da Rosa,

> para além da resolução dos conflitos (cível) ou caso penal, percebe-se a colocação da decisão judicial numa cadeia de significantes que deve, necessariamente, guardar uma parametricidade com as diretrizes econômicas, transformadas em critério decisório. [...]. O jurídico é transformado, assim, numa esfera técnica aparentemente despolitizada. O preço de tal lugar é o desfazimento da Democracia e o do esvaziamento do que se denominou "Justiça Social".[42]

Flagrantemente, e nesse contexto, o que não pode ser admitido pelo direito é a interferência da economia de modo a assujeitá-lo de tal forma que tudo passe a ser mensurável economicamente, levando-se à objetificação do próprio ser humano.[43] Nesse aspecto, Zagrebelsky salienta que ocorreu uma mercantilização da justiça, dos valores jurídicos, e, por consequência, a transformação dos valores sacrificados em dinheiro.[44]

A retórica do capital é de que o Poder Judiciário é lento demais e burocratizado, incompatível com a dinâmica e a agilidade que o mercado exige, configurando um elevado custo que é acrescido às transações, daí que as reformas judiciais buscam aumentar a capacidade de produção na melhor lógica do custo/benefício,[45] o que, indubitavelmente, conflui para o aumento do nível de estandardização do direito.

---

[40] ROSA; LINHARES, op. cit., p. 43-44.

[41] Também, nesse sentido: "De qualquer forma, a articulação da sociedade civil a partir do aumento dos legitimados processualmente – substituição processual, dentre outros instrumentos – fez com que a efetivação desses direitos fosse exigida perante o Poder Judiciário, surgindo no Brasil a figura da 'Judicialização da Política'". Ibid., p. 106.

[42] Ibid., p. 86.

[43] Ibid., p. 114.

[44] ZAGREBELSKY, Gustavo. *El derecho dúctil:* ley, derechos, justicia. 3. ed. Madrid: Editorial Trotta, 1999, p. 126.

[45] ROSA; LINHARES, op. cit., p. 61-62.

Nessa esteira, evidentemente que os critérios de justiça almejados pela sociedade, visualizados inclusive constitucionalmente, não são os mesmos pensados pelo neoliberalismo, cujo foco é, e sempre foi, a maximização da riqueza, com a idealização de um Estado mínimo.

Vale sinalar que no mês de março de 2009, em encontro realizado em Brasília, promovido pela Enfam (Escola Nacional de Formação e Aperfeiçoamento de Magistrados), reuniram-se juízes de todo o Brasil para debater o "Impacto Econômico e Social das Decisões". O referido curso ganhou divulgação através do "Portal do Superior Tribunal de Justiça",[46] nos seguintes termos:

> A morosidade processual e decisões judiciais que revisam negócios praticados pelo mercado têm causado insegurança jurídica e prejudicado o desempenho econômico em diversos países. É o que demonstram estudos publicados nos últimos anos no Brasil e no exterior. Cientes dessa situação, os magistrados se deparam cotidianamente com o dilema de ter que dar respostas aos conflitos de natureza econômica levados à sua apreciação.
> Em circunstâncias como essas, um dilema comum surge diante dos juízes: na hora de decidir, o que deve ter peso maior, a lógica da eficiência econômica ou valores ligados a direitos fundamentais dos cidadãos? [...].

Tendo-se em conta os preceitos constitucionais, e relembrando-se os movimentos sociais que ensejaram a promulgação da Carta Magna de 1988, obviamente que se afigura ilógico indagar, mormente a juízes, ou mesmo debater, o que deve ter peso maior na hora de decidir (indicando, ainda, que isso se trata de um dilema comum): a lógica da eficiência econômica do mercado ou valores ligados a direitos fundamentais dos cidadãos? A resposta, se é que há necessidade dela, sobretudo no Brasil, parece mais do que óbvia.

Assim, como antes aduzido em relação à influência da política sobre o direito, também em relação aos influxos da economia, a alternativa para não permitir que o direito venha a se tornar em definitivo um mero instrumento de gestão econômica, não é outra que a afirmação da autonomia do Judiciário e, por conseguinte, a independência dos magistrados, que deve ser (re)construída a partir de decisões fundamentadas adequadamente (lembrando-se que isto não quer e não pode significar dizer qualquer coisa sobre qualquer coisa)[47] e de uma exacerbação da atividade do juiz que não pode mais proceder apenas como

---

[46] IMPACTO econômico e social das decisões. Disponível em: <http://www.stj.gov.br>. Acesso em: 30 mar. 2009.

[47] STRECK, Lenio Luiz. *Hermenêutica jurídica e(em) crise:* uma exploração hermenêutica da construção do direito. 6. ed. Porto Alegre: Livraria do Advogado, 2005, p. 310.

um mero espectador,[48] [49] ou reprodutor de discursos de fundamentação prévia.

Relembrando Castanheira Neves,[50] a autonomia do direito deve observar duas condições inafastáveis: à condição institucional, cabe proclamar e realizar o direito, com a conjugação dos tribunais (juízes) e da universidade, por suas faculdades de direito, na medida em que, segundo ele, a universidade não pode ficar reduzida a uma didática profissionalizante, alheia à mediação da ciência e da cultura; à condição existencialmente cultural, que o homem deve se conceber como o autêntico sujeito do próprio direito, não só como beneficiário, mas com ele comprometido.

Pode-se afirmar, então, diante do exposto, que, de certo modo, o Poder Judiciário tem se curvado aos influxos (in)devidos da política e da economia, proporcionando uma justiça quantitativa através da estandardização do direito, com a objetivação e generalização dos julgamentos, olvidando as especificidades do caso concreto, com o consequente abandono da faticidade. A corroborar essa assertiva, mostram-se emblemáticas as notícias veiculadas pelos *sites* dos Tribunais Superiores, quando explicitam a realização de "mutirões" (realizados até aos sábados!!!), *verbis*:

> Agravos, repetitivos e Meta 2 são os destaques do mutirão deste sábado no STJ Agravos de instrumento, recursos repetitivos e processos da Meta 2 do Planejamento Estratégico do Judiciário (julgar, ainda este ano, todos os processos ajuizados até 2005) estão sendo analisados neste sábado (28) por cerca de 60 servidores do Superior Tribunal de Justiça (STJ) em mutirões que acontecem nos gabinetes dos ministros Hamilton Carvalhido, Humberto Martins e Mauro Campbell Marques. A iniciativa, que tem sido comum entre os ministros do STJ com o objetivo de acelerar o andamento dos processos e melhorar a prestação de serviços ao jurisdicionado, foi acompanhada de perto pelo presidente, ministro Cesar Asfor Rocha. [...].[51]
>
> Mutirão realizado no último sábado, no STJ, resultou no exame de mais de 600 processos.

---

[48] MOREIRA. José Carlos Barbosa. A função social do processo civil moderno e o papel do juiz e das partes na direção e na instrução do processo. *Revista de Processo,* São Paulo, n. 37, p. 145, 1985.

[49] Vale observar, nesse aspecto: "La forma actual de asegurar la autonomia e independencia de los jueces no es más que el perefecccionamiento de la aspiración positivista a una aplicación exacta de la ley, es decir, no alterada por influencias de ningún gênero, llevada a cabo por un cuerpo estatal compuesto de êtres inanimés". ZAGREBELSKY, 1999, p. 149.

[50] NEVES, Castanheira. *O direito hoje e com que sentido?* o problema actual da autonomia do direito. Lisboa: Instituto Piaget, 2002, p. 74-75.

[51] AGRAVOS, repetitivos e meta 2 são os destaques do mutirão deste sábado no STJ. Disponível em: <http://www.stj.gov.br>. Acesso em: 30 nov. 2009.

Foram examinados mais de 600 processos no Superior Tribunal de Justiça (STJ), no último final de semana, durante mutirão processual realizado nos gabinetes dos ministros Hamilton Carvalhido, Humberto Martins e Mauro Campbell Marques. No gabinete do ministro Carvalhido, foram agilizados cerca de 155 processos. Já no gabinete do ministro Martins, aproximadamente 200 e no do ministro Campbell, 254 processos.

Os mutirões processuais têm sido realizados constantemente no STJ com vários objetivos. Para alguns ministros consistem numa dinâmica mais ágil para a apreciação mensal de processos. Exemplo disso é o ministro Hamilton Carvalhido, que estipulou uma meta mensal de 1,1 mil processos, montante bem próximo da quantidade que chega mensalmente ao seu gabinete. Quando os números de processos distribuídos ultrapassam a quantidade apreciada, o gabinete fica alerta e se reúne para equilibrar a meta, já que os processos visados pela Meta 2 são raridade no gabinete. Foi o que aconteceu no último mês. Foram distribuídos 1,3 mil processos ao ministro Hamilton Carvalhido, quantidade superior à meta estipulada. "O trabalho é que sinaliza – explica o ministro – a necessidade de manter o nível de produtividade". Tanto é assim que trabalhar aos sábados já é rotina na unidade.

Outros motivos dos mutirões – particularmente o que foi realizado no último sábado (28) – referem-se à apreciação de vários processos repetitivos, cujos temas foram pacificados recentemente. E, também, o cumprimento da Meta 2 do Planejamento Estratégico do Judiciário, que tem a proposta de julgar, até o final deste ano, todos os processos ajuizados até 2005.

Tanto é que os gabinetes dos três ministros apreciaram, em sua maioria, além dos processos da Meta 2, recursos repetitivos, processos eletrônicos de agravos de instrumento, despachos interlocutórios e ofícios de rotina. O mutirão mobilizou mais de 60 servidores do STJ, entre assessores, analistas e técnicos, além de outros lotados nos gabinetes.

De acordo com o presidente do STJ, ministro Cesar Asfor Rocha, a iniciativa de realização de mutirões partiu de vontade própria dos ministros e dos servidores e tem se revelado importante para a dinâmica do tribunal como um todo. Segundo o presidente, além de colaborarem para o cumprimento, por parte do STJ, da Meta 2 do Judiciário – traçada pelo Conselho Nacional de Justiça – os mutirões também objetivam reduzir os estoques de processos em papel, uma vez que dentro de pouco tempo o tribunal passará a trabalhar totalmente com processos em formato eletrônico. "Os ministros do STJ, com tais iniciativas, têm dado provas eloquentes de que é possível julgar muito mais processos, o que serve de exemplo para todos os magistrados brasileiros", destacou o presidente Cesar Rocha.[52]

Evidentemente que não se pretende refutar a necessidade de uma justiça célere, mas, sim, a celeridade apenas pela via da quantidade, com o abandono da qualidade, fazendo sobrar o caso concreto e suas especificidades. Dito de outro modo, a prestação jurisdicional não pode e não deve ser resumida a "mutirões" que tencionem à redução de "pilhas" de processos supostamente idênticos, fato que, indubitavelmente, resulta(rá), cada vez mais, na estandardização do direito.

---

[52] AGRAVOS, repetitivos e meta 2 são os destaques do mutirão deste sábado no STJ. Disponível em: <http://www.stj.gov.br>. Acesso em: 4 dez. 2009.

Afora essas questões relacionadas aos influxos (in)devidos da economia e da política nas decisões judiciais, que confluem para a estandardização do direito, há de se ter presente, conforme já explicitado, que hodiernamente o direito propõe uma resposta legal a todos os principais motivos desencadeados pela alteridade e pela desigualdade, levando o cidadão à percepção de que toda e qualquer reivindicação é legítima e tem de ser satisfeita,[53] [54] o que, evidentemente, contribui para a estandardização do direito, sob o fundamento, via discurso igualmente padronizado, de que se mostra inviável a apreciação efetiva/particularizada das demandas.

Nesse tocante, há de se observar que no Brasil, embora com efeito tardio, haja vista o demorado processo de redemocratização, mormente em face do advento da Constituição da República de 1988, denominada "Constituição Cidadã", ocorreu uma substancial procura das massas ao Poder Judiciário para o resgate das promessas incumpridas da modernidade, sem que ele estivesse preparado para a demanda que se iniciava, circunstância que, afora outros aspectos, alguns aqui também tratados, resultou no que se convencionou denominar de "crise do Poder Judiciário".

Como a sociedade atual se caracteriza por um acentuado individualismo,[55] [56] e o Brasil está sob a égide de uma constituição-dirigente que, conforme Gisele Cittadino, "entra em conflito com nossa cultura jurídica positivista e privatista, segundo a qual a constituição tem por objetivo a esfera da ação individual",[57] o direito em si, resulta fortemente problemático.[58] Disso, consequentemente, e conforme já anunciou Mauro Cappelletti, deflui que:

> As diferenças entre as partes não podem jamais ser completamente erradicadas. A questão é saber até onde avançar na direção do objetivo utópico e a que custo. Em

---

[53] MELMAN, Charles. *O homem sem gravidade*: gozar a qualquer preço. Tradução de Sandra Regina Felgueiras. Rio de Janeiro: Companhia de Freud, 2003, p. 95-106.

[54] Ibid., p. 181: "E, como hoje em dia o direito deve seguir a evolução dos costumes, estará presente para legitimar as mais excêntricas exigências". "E, por assim girarem em torno do objeto disponível, as próprias criaturas se transformam em objeto, não são mais que ectoplasmas aos quais, mais do que nunca, se impõe o sentimento de um vivido virtual".

[55] Ibid., p. 182.

[56] Nesse aspecto, vale observar a ilação de Hannah Arendt: "O que torna tão difícil suportar a sociedade de massas não é o número de pessoas que ela abrange, ou pelo menos não é este o fator fundamental; antes, é o fato de que o mundo entre elas perdeu a força de mantê-las juntas, de relacioná-las umas às outras e de separá-las". ARENDT, Hannah. *A condição humana*. Tradução de Roberto Raposo. 10. ed. Rio de Janeiro: Forense, 2005, p. 62.

[57] CITTADINO, Gisele. *Pluralismo, direito e justiça distributiva*: elementos da filosofia constitucional contemporânea. 4. ed. Rio de Janeiro: Lumen Juris, 2009, p. 15.

[58] NEVES, Castanheira. *O direito hoje e com que sentido?* o problema actual da autonomia do direito. Lisboa: Instituto Piaget, 2002, p. 9.

outras palavras, quantos dos obstáculos ao acesso efetivo à justiça podem e deve ser atacados?[59]

Por certo, nesse limite até onde é possível avançar é que começa a sobrecarga do Poder Judiciário, na medida em que todos esperam obter a sua última palavra que, dentro do sistema, compete ao Supremo Tribunal Federal. Na dicção de Ovídio Araújo Baptista da Silva, "imagina-se que a 'vontade da lei' seja um segredo, zelosamente guardado pelos tribunais de última instância!".[60] Ainda, conforme esse mesmo autor,

> A Democracia pressupõe tolerância. Não pode haver regime democrático quando exigimos que nossos interesses e valores sejam aceitos como absolutos; não haverá democracia se formos incapazes de conviver com a diversidade, com os valores do "outro".[61]

Evidenciam-se, portanto, algumas das tantas facetas possíveis da crise do Poder Judiciário, a saber: (a) a dificuldade de aceitação da alteridade da própria vida pelos litigantes, (b) o resgate das promessas incumpridas da modernidade e (c) o desejo das partes que buscam, incansavelmente, a palavra derradeira do Poder Judiciário, submetendo a causa à "última instância", como se somente neste caso seria encontrada a "Justiça".[62]

De outro lado, é preciso observar que a orgia legislativa igualmente contribui para o emperramento do sistema, na medida em que se imagina, e até (ou sobretudo) pelos juristas, imbuídos de uma espécie de "sentido comum teórico",[63] influenciado geralmente pela força midiática, que sempre há a necessidade de que seja produzida uma nova lei, muitas vezes para contemplar situações particulares, quando não para eventuais favorecimentos de castas políticas e econômicas. De qualquer modo, é preciso reconhecer, desde logo e sempre, que as reformas judiciais e processuais não podem suprir as reformas políticas e sociais.[64]

---

[59] CAPPELLETTI, Mauro; GARTH, Bryant. *Acesso à justiça*. Tradução de Ellen Gracie Northfleet. Porto Alegre: Fabris, 1988, p. 15.

[60] SILVA, Ovídio A. Baptista da. *Processo e ideologia:* o paradigma racionalista. Rio de Janeiro: Forense, 2004, p. 267.

[61] SILVA, Ovídio A. Baptista da. *Jurisdição, direito material e processo*. Rio de Janeiro: Forense, 2008, p. 141.

[62] SAUSEN, Dalton. *A Repercussão geral no recurso extraordinário:* perspectiva hermenêutica. Porto Alegre: Dom Quixote, 2007, p. 14.

[63] WARAT, Luis Alberto. *Introdução geral ao direito II*: a epistemologia jurídica da modernidade. Tradução de José Luis Bolzan. Porto Alegre: Fabris, 1995, p. 69.

[64] CAPPELLETTI, Mauro; GARTH, Bryant. *Acesso à justiça*. Tradução de Ellen Gracie Northfleet. Porto Alegre: Fabris, 1988, p. 161.

Dessarte, é sob esse manto da crise do Poder Judiciário que reside outro pilar da estandardização do direito. Embora seja inegável a existência da aludida crise, decorrente, afora outros fatores, em suma, da ascensão das massas em relação ao resgate das promessas incumpridas da modernidade, da própria alteridade da vida e do inconformismo dos litigantes, para o que o Poder Judiciário não estava preparado – seja por questões estruturais ou funcionais –, não há de se admitir que o enfrentamento dela, nessa quadra da história, seja realizado pela via do bloqueio de acesso à justiça e estandardização do direito, medidas que, à toda prova, não se coadunam com o Estado Democrático de Direito.

Diante desse contexto, impõe-se a análise do sentido das reformas legislativas, sob a perspectiva do que elas de fato pretendem e o que estão proporcionando, concebendo-as como um sintoma da estandardização do direito.

1.3. O sentido das reformas legislativas, o que elas de fato pretendem e o que estão proporcionando: "um nó górdio" a ser desatado – sintomas

Em face da dificuldade de implementação dos direitos constitucionais, sobretudo os sociais, e da própria dificuldade do Poder Judiciário em gerir toda a gama de ações e recursos desencadeados pela ascensão das massas em relação à abertura democrática promovida pela Constituição da República de 1988, a dogmática jurídica tem promovido alterações legislativas, mormente processuais, para inserir instrumentos que possam oportunizar um "melhor" funcionamento da Justiça, sobretudo para outorgar maior celeridade aos trâmites processuais, premissa inarredável do ideal neoliberal.

Apenas para citar alguns exemplos, porquanto foram várias as alterações recentemente introduzidas no âmbito do processo civil, pode-se mencionar as seguintes leis: 11.187, de 19.10.2005; 11.232, de 22.12.2005; 11.276 e 11.277, de 7.2.2006; e 11.280, de 16.2.2006; 11.382, de 6.12.2006, 11.417, de 19.12.2006; 11.418, de 19.12.2006;[65] 11.419, de 19.12.06; 11.441, de 4.1.07; e 11.672, de 8.5.08.[66]

---

[65] O instituto da Repercussão Geral no Recurso Extraordinário, conforme entendimento do Supremo Tribunal Federal, também tem aplicação no Processo Penal. Nesse sentido: AI 664567 QO/RS. BRASIL. Supremo Tribunal Federal (STF). *Questão de ordem no agravo de instrumento. AI 664567 QO/RS – Rio Grande do Sul*. Agravante: Orlando Duarte Alves. Agravado: Ministério Público do Estado do Rio Grande do Sul. Relator Min. Sepúlveda Pertence. Brasília – DF. Julgamento em: 18 de junho de 2007, Tribunal Pleno. Publicado em: 06 set. 2007.

Essas alterações, decorrentes da legislação supracitada, têm por objetivo, em alguns casos, a regulamentação de novos institutos/mecanismos, tal como a repercussão geral (11.418, de 19.12.2006), da qual, juntamente com a súmula vinculante e recursos repetitivos, tratar-se-á em capítulo próprio, e, em outros, a simples adaptação a mudanças que já haviam sido implementadas.

Entretanto, de uma ou de outra forma, todas essas leis supracitadas têm por escopo claro a redução do tempo do processo, suprimindo etapas e procedimentos que, ao juízo dos legisladores e das comissões de reforma, vinham obstaculizando a celeridade processual tão desejada por alguns setores da sociedade, sobretudo os representativos do ideal neoliberal.

Nessa esteira, e como já explicitado, evidentemente que os critérios de justiça almejados pela sociedade não são os mesmos pensados pelo neoliberalismo, cujo foco é, e sempre foi, a maximização da riqueza com a idealização de um Estado mínimo.

Sendo assim, é possível afirmar que as reformas processuais, tais como as acima alinhavadas, na prática, lamentavelmente, têm revelado um viés absolutamente nefasto para o ideal democrático, e, por certo, na contramão do que foi sonhado e personificado pelos constituintes na "Constituição Cidadã", porquanto a preocupação está voltada, ao final, precipuamente para os aspectos quantitativos da justiça, e, por conseguinte, desprezadas as efetividades qualitativas. A corroborar essa assertiva, basta observar as notícias veiculadas nos *sites* dos Tribunais Superiores, tais como Supremo Tribunal Federal e Superior Tribunal de Justiça, onde se denota uma espécie de pseudocomemoração a cada edição de uma nova súmula vinculante, ou, ainda, quando são "desempilhados" processos supostamente idênticos e resolvidos pela via algébrica,[67] como nos casos em que é consagrada determinada tese

---

[66] BRASIL. *Leis*. Disponíveis em: <www.planalto.gov.br/ccivil_03/Leis/_Lei-Ordinaria.htm>. Acesso em: 12 jul. 2010.

[67] "Mutirão realizado no último sábado, no STJ, resultou no exame de mais de 600 processos. Foram examinados mais de 600 processos no Superior Tribunal de Justiça (STJ), no último final de semana, durante mutirão processual realizado nos gabinetes dos ministros Hamilton Carvalhido, Humberto Martins e Mauro Campbell Marques. No gabinete do ministro Carvalhido, foram agilizados cerca de 155 processos. Já no gabinete do ministro Martins, aproximadamente 200 e no do ministro Campbell, 254 processos. Os mutirões processuais têm sido realizados constantemente no STJ com vários objetivos. Para alguns ministros consistem numa dinâmica mais ágil para a apreciação mensal de processos. Exemplo disso é o ministro Hamilton Carvalhido, que estipulou uma meta mensal de 1,1 mil processos, montante bem próximo da quantidade que chega mensalmente ao seu gabinete. Quando os números de processos distribuídos ultrapassam a quantidade apreciada, o gabinete fica alerta e se reúne para equilibrar a meta, já que os processos visados pela Meta 2 são raridade no gabinete. Foi o que aconteceu no último mês. Foram distribuídos 1,3 mil processos ao ministro Hamilton Carvalhido, quantidade superior à meta estipulada. "O trabalho é que sinaliza – explica o ministro – a necessidade de manter o nível de produtividade". Tanto é

em matéria de recursos repetitivos ou no âmbito da repercussão geral no recurso extraordinário.

De toda forma, é preciso compreender que a profusão legislativa, como a que ocorre no Brasil, simbolizada, por exemplo, pelas modificações processuais acima indicadas, e as que ainda estão em análise no Congresso Nacional,[68] não pode (rá) suprir as reformas políticas e sociais,[69] que, indubitavelmente, competem ao Estado. Aliás, como bem observa Alexandre Morais da Rosa,[70]

> Acrescente-se, de seu turno, que o Poder Legislativo e o Poder Executivo acreditam, hoje, que a produção de normas é a única função capaz de manter o direito atualizado. Demanda-se, pois, por um imaginário de eterna mudança mediante aceleração permanente.

O sentido prático das reformas legislativas, portanto, tem identificação com uma justiça de quantidade, e não de qualidade a partir da implementação de direitos sociais e resgate das promessas incumpridas da modernidade.

Evidentemente que não se pretende sustentar que o ideal dessas reformas legislativas, desde a sua concepção, seja unicamente o de lograr uma justiça de resultados quantitativos, mas de que elas se encaminharam, em face da prática desenvolvida nos pretórios, e também pelos magistrados, não todos obviamente, para a estandardização do

---

assim que trabalhar aos sábados já é rotina na unidade. Outros motivos dos mutirões – particularmente o que foi realizado no último sábado (28) – referem-se à apreciação de vários processos repetitivos, cujos temas foram pacificados recentemente. E, também, o cumprimento da Meta 2 do Planejamento Estratégico do Judiciário, que tem a proposta de julgar, até o final deste ano, todos os processos ajuizados até 2005. Tanto é que os gabinetes dos três ministros apreciaram, em sua maioria, além dos processos da Meta 2, recursos repetitivos, processos eletrônicos de agravos de instrumento, despachos interlocutórios e ofícios de rotina. O mutirão mobilizou mais de 60 servidores do STJ, entre assessores, analistas e técnicos, além de outros lotados nos gabinetes. De acordo com o presidente do STJ, ministro Cesar Asfor Rocha, a iniciativa de realização de mutirões partiu de vontade própria dos ministros e dos servidores e tem se revelado importante para a dinâmica do tribunal como um todo. Segundo o presidente, além de colaborarem para o cumprimento, por parte do STJ, da Meta 2 do Judiciário – traçada pelo Conselho Nacional de Justiça – os mutirões também objetivam reduzir os estoques de processos em papel, uma vez que dentro de pouco tempo o tribunal passará a trabalhar totalmente com processos em formato eletrônico. "Os ministros do STJ, com tais iniciativas, têm dado provas eloquentes de que é possível julgar muito mais processos, o que serve de exemplo para todos os magistrados brasileiros", destacou o presidente Cesar Rocha". MUTIRÃO realizado no último sábado, no STJ, resultou no exame de mais de 600 processos. Disponível em: <http://www.stj.gov.br>. Acesso em: 04 dez. 2009.

[68] A referência é ao Projeto de Lei n. 166/10, denominado de "Novo Código de Processo Civil". SARNEY, José. *PLS – Projeto de lei do Senado, n° 166 de 2010*. Reforma do código de processo civil. Disponível em: <http://www.senado.gov.br>. Acesso em: 15 out. 2010.

[69] CAPPELLETTI, Mauro; GARTH, Bryant. *Acesso à justiça*. Tradução de Ellen Gracie Northfleet. Porto Alegre: Fabris, 1988, p. 161.

[70] ROSA, Alexandre Morais da. O hiato entre a hermenêutica filosófica e a decisão judicial. In: STEIN, Ernildo; STRECK, Lenio Luiz; (Org.). *Hermenêutica e epistemologia:* 50 anos de verdade e método. Porto Alegre: Livraria do Advogado, 2011, p. 130.

direito. No geral, sobretudo nos Tribunais Superiores, e agora também nos juízos de primeiro grau, a resolução dos casos se dá pela via dedutiva/subsuntiva. Dito de outro modo, os processos não são resolvidos em face de suas especificidades, mas a partir de pautas gerais, representadas por discursos de fundamentação prévia.

A despeito do ideal dessas reformas se apresentar insuspeito, como acima referido, algumas manifestações dos protagonistas do Projeto de Lei n. 166/10, denominado "novo Código de Processo Civil", têm revelado um viés, ao menos na forma como se expressam, que se contrapõe ao próprio Estado Democrático de Direito, porquanto atentam contra a liberdade dos julgadores (mormente em relação aos juízes de primeiro grau) e outros princípios elementares da jurisdição.

Nesse sentido, não deixam de ser emblemáticas as manifestações do Ministro Luiz Fux,[71] conforme se observa dos trechos insertos no espaço "notícias" do site do Superior Tribunal de Justiça, adiante colacionadas. A primeira manifestação do Ministro, em entrevista concedida ao referido Tribunal, que recebeu o título: "Luiz Fux defende submissão de juízes às decisões de cortes superiores",[72] tem o seguinte teor:

> As decisões dos tribunais superiores devem ser respeitadas, acrescentou o ministro, sob pena de postergação da justiça. Por que o juiz, em nome da sua suposta independência jurídica, pode proferir uma decisão contrária à decisão dos Tribunais superiores, empurrando a parte a obter uma solução dez anos depois, se ele já sabe qual vai ser a solução do processo?[73]

A segunda manifestação, com o título: "Nova reforma do Judiciário traz promessa de menos recursos",[74] e inserida no tópico da notícia denominado "Razoabilidade", explicita o seguinte:

> Na raiz dessa lentidão, disse o ministro Fux, estão a impossibilidade de os juízes decidirem livremente cada caso – produzindo sentenças nas mais variadas linhas, mesmo quando já há entendimento consolidado sobre o assunto nos tribunais superiores – e um quadro incomum de prodigalidade recursal previsto na legislação. Luiz Fux coordenou a comissão que elaborou o anteprojeto de reforma do Código de Processo Civil (CPC), cuja tramitação está apenas começando no Senado. O texto traz uma inovação destinada a impedir decisões contrárias ao entendimento das instâncias superiores, no caso de demandas repetitivas – como ocorre, por exemplo, quando centenas de milhares de contribuintes questionam na Justiça o mesmo ponto de uma lei tributária.[75]

---

[71] À época ainda Ministro do Superior Tribunal de Justiça.

[72] FUX, Luiz. *Luiz Fux defende submissão de juízes às decisões de Cortes Superiores*. Disponível em: <http://www.stj.gov.br>. Acesso em: 15 out. 2010.

[73] Ibid.

[74] Ibid.

[75] Ibid.

Nessa mesma linha do Ministro Luiz Fux é o pensamento de Bruno Dantas, outro integrante da comissão formada para elaboração do novo Código de Processo Civil, circunstância que se denota da entrevista por ele concedida ao periódico eletrônico Consultor Jurídico, ao tratar da proposta do novel "Incidente de Resolução de Demandas Repetitivas",[76] mais especificamente em relação aos efeitos desse mecanismo:

> Vai ser muito mais amplo e vai inibir as ações repetitivas. Quando o presidente do tribunal, à vista da admissibilidade do incidente, manda suspender todas as ações que estão em curso no juízo de primeiro grau, não haverá recurso porque o processo estará parado. E quando a tese for fixada, o juiz tem de aplicar aquela tese. Contra essa sentença, caberá uma apelação, mas não agravos e embargos. Estamos dando a essa decisão uma força muito grande e cogitamos a possibilidade de dar a ela efeito vinculante, proibir o juiz de decidir em sentido contrário. Quando você permite que o juiz da primeira vara decida de uma forma e o da segunda decida de outra forma, o princípio constitucional da igualdade não está sendo cumprido, gerando uma sensação de descrédito do judiciário. Esse princípio, ao lado do princípio da legalidade, autoriza a imposição do efeito vinculante. Então, o incidente de Resolução de Demandas Repetitivas é o carro-chefe do novo código.[77]

Evidentemente que as demandas repetitivas merecem atenção especial, mormente porque elas respondem por parcela absolutamente significativa das ações e recursos que alimentam a chamada "crise do Poder Judiciário", não sendo por acaso que o trato delas se afigura como um dos principais pilares da reforma do Código de Processo Civil. Isso, todavia, não pode resultar em reformas que tencionem à supressão, mesmo que indiretamente ou por via reflexa, de garantias constitucionais, tal como a própria independência dos magistrados, sob fundamento de que se deve proibir os juízes de decidir em sentido contrário ao que foi decidido pelos tribunais, e que julgamentos diversos proferidos por juízes de varas diferentes implicariam em ofensa ao princípio da igualdade, ou, de acordo com a dicção do ministro Luiz Fux, que um dos problemas da lentidão processual está no fato de os "juízes decidirem livremente cada caso – produzindo sentenças nas mais variadas linhas, mesmo quando já há entendimento consolidado sobre o assunto nos tribunais superiores".[78]

Evidentemente que não será por meio de medidas que ferem o princípio da independência funcional dos magistrados que a crise do

---

[76] DANTAS. Bruno. *Lei de recursos repetitivos pode se tornar obsoleta*. Disponível em: <http://www.conjur.com.br>. Acesso em: 25 jun. 2010.

[77] Ibid.

[78] FUX, Luiz. *Luiz Fux defende submissão de juízes às decisões de Cortes Superiores*. Disponível em: <http://www.stj.gov.br>. Acesso em: 15 out. 2010.

Poder Judiciário e, nesse contexto, também o problema das demandas repetitivas irão encontrar solução.

Nesse sentido, foram décadas de lutas para que o Brasil conseguisse finalmente encontrar o caminho da democracia, razão pela qual as apostas em medidas como as esposadas pelos integrantes da comissão de reforma do Código de Processo Civil, acima indicados, não encontram consonância no Estado Democrático do Direito, por atentarem contra a própria independência funcional dos magistrados. Dito de outro modo, o preço pago pelo atual estágio democrático, mesmo que ainda se observem muitas mazelas e insuficiências, não pode admitir medidas desse jaez.

Os juízes, ao contrário do aduzido pelo Ministro Luiz Fux, devem decidir livremente, tendo como limite a Constituição da República e a legislação a partir dela concebida e recepcionada via processo democrático, respeitando, por óbvio, a tradição, coerência e integridade do direito, e não discursos de fundamentação prévia, representados por súmulas e um manancial de topoi de precedentes.

Obviamente que os juízes têm compromissos com a integridade e coerência do direito, e, por isso, também devem aceitar restrições decorrentes das decisões proferidas pelas Cortes Superiores,[79] mas, isso, em hipótese alguma, poderá ser obtido pelo condicionamento discursivo e pelo abandono da faticidade, enfim dos casos concretos.

Além disso, o direito não pode ficar restrito à mera discussão de teses jurídicas, porquanto, mesmo nas demandas tidas como de massa, enfim, as repetitivas, existem especificidades que poderão diferenciar (ou não) o caso em liça da cadeia de julgamentos que vem sendo adotada pelos Tribunais. Ademais, a perspectiva dessa reforma processual, ao que tudo indica, consubstancia-se em uma aposta, com toda força, nos discursos de fundamentação prévia, olvidando que não é possível acoplar capas de sentidos às coisas, com respostas que antecedem as próprias perguntas, e, ainda, de que direito e fato são inseparáveis.[80]

Dito de outro modo, no dia a dia forense não há direito sem fatos, pensar de modo diverso é apostar na relação sujeito-objeto e, por conseguinte, uma profissão de fé na metafísica.

Ademais, e também conforme será tratado oportunamente, não há necessidade de coibir os juízes de julgar em sentido contrário

---

[79] Nesse sentido: STRECK, Lenio Luiz. Hermenêutica e decisão jurídica: questões epistemológicas. In: STEIN, Ernildo; STRECK, Lenio Luiz; (Org.). *Hermenêutica e Epistemologia: 50 anos de Verdade e Método*. Porto Alegre: Livraria do Advogado, 2011, p. 169.

[80] STRECK, Lenio Luiz. *O que é isto – decido conforme a minha consciência?* Porto Alegre: Livraria do Advogado, 2010, p. 71-72.

(admitindo-se, apenas para efeito de argumentação, que isso seja possível em um Estado Democrático de Direito) ao que vem sendo decidido pelos Tribunais Superiores. Primeiro, e por óbvio, porque as demandas – mesmo que sob o enfoque das ações repetitivas –, não devem sofrer o mesmo tratamento apenas em face da tese jurídica, mas, sobretudo, deve ser observada a faticidade nelas inserida. Depois, porque é o caso concreto que irá definir se a demanda em liça irá sofrer ou não abrangência da decisão lançada na demanda repetitiva,[81] e não o contrário, sob pena de o direito restar limitado à discussão de teses jurídicas.

De qualquer sorte, a aplicação de um precedente oriundo de uma demanda repetitiva a novos casos, em que houver, obviamente, uma identidade fática e jurídica, porquanto não é possível separar direito e fato, deve sobressair da coerência, integridade, pré-compreensão e tradição do direito, e não de discursos de fundamentação prévia ou da proibição de que os juízes decidam de forma contrária ao que foi decidido pelos Tribunais Superiores.

Nesse sentido, é preciso discordar das razões empregadas por Bruno Dantas, trecho acima colacionado, no que diz respeito aos princípios que conformariam a proibição de um juiz de decidir de forma contrária a de seu colega de outra vara e da legitimação do efeito vinculante, segundo ele, respectivamente, "o princípio constitucional da igualdade" e o "princípio da legalidade".

O princípio da igualdade, ao contrário do esposado por Dantas, somente encontra aplicação constitucional adequada se justamente permitir a liberdade de decidir desses juízes de varas diferentes, não no sentido de que cada um deva produzir a sentença que bem lhe aprouver a partir de um julgamento pautado pela filosofia da consciência,[82] mas, sim, pela especificidade do caso concreto e com a inarredável observação da tradição, coerência, integridade do direito, e, sobretudo, da Constituição da República, concebida democraticamente.

Dessarte, a igualdade que o referido princípio deve assegurar não é apenas a da tese jurídica definida pela Corte Superior via discursos de fundamentação prévia descontextualizados do caso concreto, mas a igualdade sob a ótica do jurisdicionado, ou seja, de que cada cidadão terá a sua causa julgada fundamentalmente a partir das suas especificidades e da Constituição da República.

---

[81] Evidentemente que essa perspectiva não avaliza casuísmos a partir da denominada "justiça do caso concreto", mas, sim, de que não é possível fazer direito de forma democrática – com respostas adequadas constitucionalmente – olvidando-se da faticidade.

[82] Nesse sentido, conferir STRECK, Lenio Luiz. *O que é isto – decido conforme minha consciência?* Porto Alegre: Livraria do Advogado, 2010, *passim*.

Portanto, o princípio da igualdade não pode dar guarida à pretendida vedação de julgamentos diferentes por juízes de varas diferentes, porquanto o direito não pode ficar limitado à discussão de teses jurídicas, e por isso não pode servir de álibi para a simples reprodução dos julgamentos proferidos pelos pretórios.

Por outro lado, inconcebível que o princípio da legalidade possa ser o elemento invocado para sustentar o efeito vinculante das decisões proferidas pelos Tribunais Superiores, pois, inegavelmente, trata-se de legalidade duvidosa essa que pressupõe a vinculação pelos discursos de fundamentação prévia que, em última análise, acabam por exorcizar a faticidade do processo.

Por isso, e com Lenio Luiz Streck, é preciso lembrar que "[...] os princípios não permitem ao intérprete uma 'maior margem de atuação' ou uma interpretação mais 'extensiva'. Ao contrário disso, os princípios indicam o modo correto de decidir".[83] Portanto, não podem os princípios da igualdade e da legalidade servir de "justificação" para as alterações legislativas esposadas e pretendidas pelo reformista do Código de Processo Civil, porquanto eles "fecham" e não "abrem" as possibilidades de interpretação.

Na verdade, quando Bruno Dantas pretende justificar, respectivamente, a partir dos princípios da igualdade e da legalidade, a obrigatoriedade de decisões iguais por juízes de varas diferentes e o efeito vinculante das decisões dos Tribunais Superiores, está a fazer aquilo que Lenio Luiz Streck vem denunciando como "[...] mais uma amostra de uma 'principiologia' *ad hoc* e sem limites, que confunde meros argumentos ou pontos de vista com princípios jurídicos (ou constitucionais)".[84]

Dessarte, inadmissível que sejam vilipendiados ou distorcidos princípios para alcançar a coerência e integridade do direito, porquanto são esses elementos de uma hermenêutica filosófica (acrescente-se a eles também a pré-compreensão e a tradição), trabalhados por Lenio Luiz Streck,[85] a partir das teorias de Dworkin e Gadamer, que farão a ligação hermenêutica que irá oportunizar a aplicação do precedente aos novos casos, e jamais medidas consubstanciadas em discursos de fundamentação prévia.

---

[83] STRECK, Lenio Luiz. *Verdade e consenso*: constituição, hermenêutica e teorias discursivas. Da possibilidade à necessidade de respostas corretas em direito. 3. ed. Rio de Janeiro: Lumen Juris, 2009. 518-519.

[84] Ibid., p. 481.

[85] Cf. Ibid., p. 13-15 e p. 573.

A superação da crise do Poder Judiciário, representada, sobretudo, pelo excesso do número de processos e recursos, não se dará pela via da estandardização do direito, a partir de comandos legislativos como os sugeridos pelos protagonistas da reforma do Código de Processo Civil, antes colacionados, mas, sim, pela construção e reconstrução paulatina da tradição, integridade e coerência do direito, contexto do qual os operadores do direito não são meros espectadores, mas integrantes do mundo jurídico no sentido fenomenológico,[86] de modo que estão, desde logo, nele jogados, dele fazem parte e com ele interagem e sofrem suas consequências e resultados.

Nesse sentido, estar lançado no mundo, enfim, estar vivo, é saber que antes de nós outros estiveram aqui e tiveram suas experiências.[87] Dito de outro modo, não há portadores de versões iniciais ou finais, mas, sim, na esteira do asseverado por Dworkin, há um romance em cadeia a ser escrito e reescrito.[88]

Portanto, e mais uma vez, a limitação que se pretende impor aos magistrados através da reforma do Código de Processo Civil é incompatível com o Estado Democrático de Direito, porque o limite dos julgadores já foi estabelecido no campo democrático, quando da promulgação da Constituição da República em 1988, e, ainda, porque ela é anti-hermenêutica, na medida em que o direito é integridade, coerência, tradição e pré-compreensão.

O Código de Processo Civil, ao menos nesse sentido, ou seja, no que se refere à limitação que se pretende impor aos magistrados, muito pouco terá de novo, na medida em que se mostra como a simples reafirmação do ideal de uma jurisdição preocupada com as efetividades quantitativas, em que não são mais julgados casos, mas apenas teses. Em uma palavra, há um discurso que não condiz com a prática. Trata-se, portanto, como diria Zizek, de uma "revolução descafeinada, que não tem cheiro",[89] ou, ainda, em uma outra acepção, tem ela aroma e sabor do café real, sem ser efetivamente café.

---

[86] Nesse sentido: "Minha intenção é mostrar que o novo trazido para filosofia pela teoria hermenêutica de Heidegger, que ele chama de Fenomenologia Hermenêutica, é ele acrescenta um aspecto prático na medida em que descreve o ser humano como ser-no-mundo que desde sempre já se compreende a si mesmo no mundo, mas só se compreende a si mesmo no mundo porque já antecipou sempre uma compreensão do ser". STEIN, Ernildo. *Aproximações sobre hermenêutica*. 2. ed. Porto Alegre: EDIPUCRS, 2004, p. 65-66.

[87] ARENDT, Hannah. *A vida do espírito*. Volume I – Pensar. Tradução de João C. S. Duarte. Lisboa: Instituto Piaget, 1978, p. 30-31.

[88] DWORKIN, Ronald. *Império do direito*. Tradução de Jefferson Luiz Camargo. 2 ed. São Paulo: Martins Fontes, 2007, p. 275 *et seq*.

[89] ZIZEK, Slavoj. *A visão em paralaxe*. Tradução de Maria Beatriz de Medina. São Paulo: Boitempo, 2008, p. 408.

Inolvidável que a dificuldade reside justamente em conseguir desatar esse "nó górdio", ou seja, de como não deixar que essas reformas processuais já realizadas, e as que também estão a caminho, confluam para a estandardização do direito. Esse é o ponto. Se, de um lado, há de fato preocupação com a obtenção de resultados quantitativos, o que obviamente se apresenta justo, mormente em face da crise que assola o Poder Judiciário, sobretudo as Cortes Superiores, por outro, não se pode descurar das efetividades qualitativas.

A par disso, a resolução dos processos, nos quais estão inseridos os direitos fundamentais dos cidadãos, não pode ter como premissa a "filosofia" de que é possível julgar um sem-número de casos como se todos fossem "idênticos", ou, ainda, em proibir os juízes de decidir de forma contrária às teses dos Tribunais Superiores, pois, como decorre do que foi antes explicitado, a vida naturalmente não é igual, e ela se desenvolve a partir da alteridade e da faticidade.

Dessa forma, o Estado Democrático de Direito não pode compactuar com a "eliminação" de processos via "mutirões" aos sábados, onde são decididos, apenas em um único dia, 600 processos.[90] Então, qual o sentido que pode sobressair dessa prática que não o da simples estandardização do direito e, por conseguinte, da negação do efetivo acesso à justiça?

Por outro lado, é preciso registrar, mesmo que não se atendo detidamente a essa questão, que o ideal de modernização do Judiciário com a sua total informatização, enfim, com a viabilização e efetivação dos meios eletrônicos, como já vem ocorrendo há algum tempo, sobretudo a partir da promulgação da Lei n. 11.419 de 19 de dezembro de 2006, não pode ser o objetivo primordial e último desse Poder, ou, ainda, a solução milagrosa para o exacerbado número de processos. A redução da complexidade – representada pela "crise" que assola o Poder Judiciário em face do número excessivo de ações e recursos – não pode implicar na supressão da qualidade dos julgamentos. Dito de outra forma, a modernidade não quer e não pode significar falta de qualidade na apreciação das demandas, não obstante as necessidades quantitativas.

Modernizar sem excluir, esse é o grande desafio mundial atual,[91] e aqui também há um "nó górdio" que o Poder Judiciário e a dogmática

---

[90] MUTIRÃO realizado no último sábado, no STJ, resultou no exame de mais de 600 processos. Disponível em: http://www.stj.gov.br. Acesso em: 04 dez. 2009.

[91] PINEAU, Gaston. O sentido do sentido. In: NICOLESCU, Basarab et al. *Educação e transdisciplinaridade.* Tradução de Judite Vero, Maria F. de Mello e Amércio Sommerman. Brasília: UNESCO, 2000, p. 52.

jurídica precisam desatar, sob pena de perpetuar a estandardização do direito. Nessa esteira, ganha relevo a necessidade da análise da concepção dos precedentes pela dogmática jurídica, porquanto se idealiza neles um mundo jurídico homogeneizado, circunstância que se apresenta como o desvelar desse fenômeno da estandardização do direito.

1.4. O precedente como "ideal de um mundo jurídico homogeneizado" – o desvelar do fenômeno da estandardização do Direito

É possível que uma das facetas mais perceptíveis da crise hermenêutica jurídica constitucional e processual brasileira esteja fulcrada justamente na forma como são concebidos e utilizados pela dogmática jurídica os precedentes. Evidentemente que esse não é um fenômeno apenas contemporâneo, porquanto é de longa data que se observa a dificuldade dos operadores do direito em lidar com os precedentes.[92]

Dessarte, a baixa compreensão do papel dos precedentes tem proporcionado (quase que exclusivamente) uma justiça de números e que conflui para a estandardização do direito, daí que eles se apresentam como a personificação desse movimento contrafático do direito, no qual, em suma, o que valem são as teses jurídicas em liça, na medida em que "oficializada" pelo próprio Estado, via Poder Judiciário, a cisão entre direito e fato, tudo em nome da celeridade processual. Por essa razão, faz-se necessário um novo olhar sobre o direito, olhar este voltado e comprometido também com as efetividades qualitativas da prestação jurisdicional.

É preciso refletir se o direito deve ser concebido como a mera reprodução daquilo que os tribunais dizem que ele é, mediante aplicação dos precedentes de forma descontextualizada do caso concreto, via conceitos universalizantes, olvidando-se das efetividades qualitativas em prol das quantitativas, ou o produto de uma construção que respeita a integridade, a coerência, a tradição e a pré-compreensão, pilares de uma hermenêutica filosófica trabalhada a partir da simbiose das teorias de Dworkin e Gadamer.[93]

---

[92] Cf. STRECK, Lenio Luiz. *Súmulas no direito brasileiro, eficácia, poder e função*: a ilegitimidade constitucional do efeito vinculante. 2. ed. Porto Alegre: Livraria do Advogado, 1998, *passim*.

[93] A referência é à teoria desenvolvida por Lenio Luiz Streck que, segundo o próprio jurista, é fruto da simbiose entre as teorias de Gadamer e Dworkin, fundada na integridade e coerência do direito, na tradição e na pré-compreensão, com o acréscimo de que a resposta não é nem a única e nem a melhor, mas a resposta adequada à Constituição, tendo superado, a partir dela, o esquema metafísico sujeito-objeto e a filosofia da consciência em que deságuam as teorias argumenta-

Indubitavelmente que todos os sistemas jurídicos ocidentais modernos[94] reconhecem a valia e a necessidade da utilização de precedentes para salvaguardar a coerência e integridade do direito,[95] não sendo por acaso que Neil MacCormick desata as seguintes indagações a respeito deles:

> Por que advogados discutem tanto sobre precedentes? Por que lêem as decisões passadas e tentam aplicá-las a problemas presentes? Por que Juízes pensam poder justificar decisões mostrando que elas são compatíveis com precedentes, ou pensam não poder justificar uma decisão porque ela contradiz um precedente firmado?[96] (*sic*)

A questão, entretanto, não reside na importância, enfim, no destaque que os precedentes merecem em qualquer sistema jurídico, o que se afigura inegável, mas, sim, na forma como eles são utilizados, sobretudo quando se pretende por meio deles, tal como ocorre no direito pátrio, a homogeneização do pensamento jurídico, fazendo com que o direito venha a ser (quase que) exclusivamente aquilo que os Tribunais Superiores dizem que ele é, reduzindo os operadores do direito a meros consumidores do direito produzido pelos pretórios,[97] onde os fatos não integram o conjunto/contexto da decisão, mas, apenas, e tão somente, as teses jurídicas.

Nesse sentido, como assevera Lenio Streck, há "um silêncio eloquente"[98] na doutrina em relação a esse fenômeno, mormente porque há uma conivência tácita com essas práticas de estandardização do direito promovidas pelas Cortes Superiores através da utilização indevida dos precedentes, por meio dos quais o mundo fático é exorcizado do processo, ou nem mesmo chega a integrá-lo.

---

tivo-discursivas. Apesar disso, esse jurista não desconsidera a importância das demais teorias, porquanto, como ele próprio refere, todas elas, de uma ou de outra forma, demonstraram preocupação em buscar respostas ao problema da crise paradigmática que atravessa o direito, assim como em relação aos direitos fundamentais. STRECK, Lenio Luiz. *Verdade e consenso*: constituição, hermenêutica e teorias discursivas. Da possibilidade à necessidade de respostas corretas em direito. 3. ed. Rio de Janeiro: Lumen Juris, 2009, p. 13-15 e p. 573.

[94] MACCORMICK, Neil. *Retórica e o Estado de direito*: uma teoria da argumentação jurídica. Tradução de Conrado Hübner Mendes e Marcos Paulo Veríssimo. Rio de Janeiro: Elsevier, 2008, p. 339.

[95] Nesse sentido MacCormick explicita que: "Num estado moderno, com muitos juízes e muitas cortes, e uma hierarquia estruturada de recursos, as mesmas regras e soluções devem orientar a decisão independentemente do juiz do caso. Fidelidade ao Estado de Direito requer que se evite qualquer variação frívola no padrão decisório de um juiz ou corte para outro". Ibid., p. 191.

[96] Ibid., p. 191.

[97] Cf. WARAT, Luis Alberto. *Introdução geral ao direito II*: a epistemologia jurídica da modernidade. Tradução de Jose Luis Bolzan. Porto Alegre: Fabris, 1995, p. 69.

[98] STRECK, Lenio Luiz. *Verdade e consenso*: constituição, hermenêutica e teorias discursivas. Da possibilidade à necessidade de respostas corretas em direito. 3. ed. Rio de Janeiro: Lumen Juris, 2009, p. 326.

Ora, o preço desse silêncio, enfim, da aceitação da homogeneização do pensamento jurídico, tem destinatários certos, ou seja, o próprio jurisdicionado, que vê solapado o seu direito com a supressão do caso concreto em face da desconsideração dos fatos em nome de uma justiça de números, os advogados, promotores e procuradores em geral, porque deliberadamente se submetem à "doutrina dos Tribunais",[99] e, como consequência, não conseguem ver reconhecidas minimamente as especificidades do caso concreto, na medida em que tudo passa a ser resolvido no atacado pela utilização de significantes, e os próprios magistrados das instâncias inferiores, porque reduzidos à condição de meros reprodutores de discursos de fundamentação prévia.

Os juristas e operadores do direito, na verdade, por se fazerem eles próprios meros consumidores do pensamento jurídico emanado das Cortes Superiores, na medida em que passaram apenas a reproduzir súmulas e entendimentos jurisprudenciais, descurando, em prejuízo próprio, do mundo da faticidade inserido nos processos, são acumuladores de sensações, "são colecionadores de coisas apenas num sentido secundário e derivativo",[100] e, sobretudo, olvidam que as soluções herméticas e expeditas oferecidas pelos Tribunais não podem ser concebidas como o "Leito de Procusto", em que é possível extirpar aquilo que não encontra consonância com a tese jurídica.

Apesar de inarredável que uma das grandes dificuldades enfrentadas pelo direito nos tempos hodiernos é, sem dúvida, a de como administrar os conflitos gerados pelas diferenças da própria vida em sociedade, resultantes, evidentemente, do conflito de interesses, sobretudo em países de modernidade tardia como o Brasil,[101] – onde há um déficit acentuado na concretização da Constituição, mormente em face da inefetividade do Estado no cumprimento de seu papel constitucional de agente de promoção das políticas públicas e sociais, circunstância que, indubitavelmente, afeta diretamente o Poder Judiciário que, como antes visto, assumiu esse papel, deflagrando o que se convencio-

---

[99] Conforme Lenio Streck, "Em *terrae brasilis*, esta problemática é facilmente notada no impressionante crescimento de uma cultura jurídica cuja função é reproduzir as decisões tribunalícias. É o império dos enunciados assertóricos que se sobrepõe à reflexão doutrinária. Assim, os reflexos de uma aposta no protagonismo judicial não demorariam a ser sentidos: a doutrina se contenta com 'migalhas significativas' ou 'restos dos sentidos previamente produzidos pelos tribunais'". STRECK, Lenio Luiz. *O que é isto – decido conforme minha consciência?* Porto Alegre: Livraria do Advogado, 2010, p. 88-89.

[100] BAUMAN, Zygmunt. *Globalização:* as consequências humanas. Tradução de Marcus Penchel. Rio de Janeiro: Jorge Zahar Editor, 1999, p. 91.

[101] Conforme Lenio Luiz Streck, "No Brasil, a modernidade é tardia e arcaica. O que houve (há) é um simulacro de modernidade". In: STRECK, Lenio Luiz. *Hermenêutica jurídica e(m) crise:* uma exploração hermenêutica da construção do direito. 6. ed. Porto Alegre: Livraria do Advogado, 2005, p. 43.

nou denominar "Crise do Poder Judiciário" –, evidentemente que não se pode admitir a padronização das decisões,[102] via utilização indevida dos precedentes, como se houvesse uma medida certa obtida por uma fita métrica para resolver todos os casos.

Ao que parece, todo esse movimento/fenômeno de estandardização do direito guarda relação com o desejo de uma compreensão universal e homogênea da vida e de seus problemas, numa ideia aberta e franca do neoliberalismo, "núcleo da matriz ideológica dos processos de mundialização e globalização, tendentes ao pensamento único",[103] que pretendem reduzir o direito a "uma ciência exata, segundo os padrões epistemológicos das matemáticas".[104]

Os precedentes, ao contrário do que se observa do "sentido comum teórico"[105] dos operadores do direito, que os têm como premissas quase que absolutas, não devem funcionar como possibilidades vinculantes para as novas decisões, pois, por óbvio, nenhum evento pode ser exatamente igual a outro.[106] Além do que os juízes, no caso os ministros das Cortes Superiores, mormente do Superior Tribunal de Justiça e do Supremo Tribunal Federal, não são legisladores, daí que as decisões por eles proferidas, que resultam em precedentes, não podem ser con-

---

[102] Veja-se que no Poder Judiciário do Rio Grande do Sul já há, na esteira da padronização das decisões, uma tentativa de alcançar a uniformidade até no aspecto quantitativo, porquanto se propõe um número máximo de laudas para as sentenças e petições: "Justiça Estadual lançará projeto inédito para concisão em petições e sentenças. A Justiça Estadual lança, no dia 24/11, às 14 horas, o Projeto Petição10, Sentença10. A iniciativa – idealizada pelo ECOJUS e pelo Núcleo de Inovação Judiciária da Escola Superior da Magistratura e aprovada pelo Conselho da Magistratura do Tribunal de Justiça – prevê que operadores do direito e magistrados limitem a 10 páginas a extensão de suas petições e sentenças". JUSTIÇA Estadual lançará projeto inédito para concisão em petições e sentenças. Disponível em: <http://www1.tjrs.jus.br/site/imprensa/noticias>. Acesso em: 05 nov. 2010. Sem prejuízo de eventuais benefícios que o projeto efetivamente possa trazer, entre eles ganhos ecológicos e, mesmo que inadvertidamente, desestimular a mera reprodução de julgamentos e enunciados descontextualizados do caso concreto, bem como promover uma racionalização das práticas forenses, a notícia, de qualquer modo, serve para ilustrar como o imaginário dos operadores do direito está impregnado pelo fenômeno da estandardização do direito. A redução da quantidade é o ideal primeiro da dogmática jurídica, de modo que as efetividades qualitativas e/ou as reais necessidades são postas em segundo plano ou obnubiladas. Ainda, e por outro lado, se com laudas e laudas as decisões são flagrantemente mal fundamentadas, dando ensejo aos tão combatidos embargos declaratórios, como ficará então a fundamentação doravante, com uma provável economia linguística?

[103] ROSA, Alexandre Morais da; LINHARES, José Aroso. *Diálogos com law & economics*. Rio de Janeiro: Lumen Juris, 2009, p. 7.

[104] SILVA, Ovídio A. Baptista da. Da função à estrutura. *Revista de Processo*, São Paulo, n. 158, p. 13, 2008.

[105] WARAT, Luis Alberto. *Introdução geral ao direito II*: a epistemologia jurídica da modernidade. Tradução de Jose Luis Bolzan. Porto Alegre: Fabris, 1995, p. 69.

[106] Ainda, conforme Maccormick, "Mesmo precedentes vinculantes podem provocar novas reflexões em novas circunstâncias". MACCORMICK, Neil. *Retórica e o Estado de direito*: uma teoria da argumentação jurídica. Tradução de Conrado Hübner Mendes e Marcos Paulo Veríssimo. Rio de Janeiro: Elsevier, 2008, p. 211.

cebidas como algo superior à própria legislação produzida pelo Poder Legislativo,[107] [108] sob pena de produzir ranhuras na estrutura democrática.

Nesse sentido, o próprio Neil MacCormick, a despeito da necessária reserva de seus posicionamentos, em face da defesa aberta que faz do deducionismo, traz ilação que merece ser considerada, ao menos no que se refere à compreensão mínima dos precedentes, porquanto no direito pátrio nem ao menos isso é possível lograr, em face do condicionamento discursivo decorrente da compreensão equivocada (ou deliberada da dogmática jurídica) do papel dos precedentes:

> [...] parece-me sensato tratar precedentes, e especialmente precedentes específicos, como decisões sujeitas à revisão, e não como decisões fixas e vinculantes. O direito jurisprudencial deve ser, de alguma maneira aberto e flexível no decorrer do tempo. Assim, os precedentes são mais bem compreendidos se tratados como persuasivos, em maior ou menor grau, em vez de absolutamente vinculantes. Todavia, isso não significa dizer que não haja proposições determinadas que mereçam ser tidas como persuasivas, e que não possam ser consideradas vinculantes em certas situações.[109]

De qualquer sorte, é preciso questionar e, sobretudo, produzir no lugar de reproduzir,[110] sob pena de os operadores do direito assumirem, em definitivo, autênticos papéis de Abdulas.[111] Nesse sentido, o

---

[107] MACCORMICK, op. cit., p. 106 e p. 192.

[108] Nesse sentido, Cf. WALDRON, Jeremy. *A Dignidade da Legislação*. Tradução de Luís Carlos Borges. São Paulo: Martins Fontes, 2003. *passim*.

[109] MACCORMICK, op. cit., p. 195.

[110] Nesse sentido, oportunas as observações de Lenio Streck: "Que tempo vive(ncia)mos... A maior parte da produção doutrinária, com aspas e sem aspas, coloca-se como caudatária das decisões tribunalícias. Parcela considerável dos livros apenas reproduz o que o judiciário diz sobre a lei. Esse 'já dito' é condensado/resumido em verbetes (ou, se quisermos ser mais sofisticados, 'enunciados assertóricos'). Insisto: temos que redefinir o papel da doutrina. Nós podemos mais do que isso...! E temos que aprender a criticar as decisões dos tribunais, principalmente quando se tratar de decisões finais, daquelas que representam o 'dizer final'. E temos que ser veementes. Caso contrário, podemos fechar os cursos de pós-graduação, as faculdades, etc. E parar de escrever sobre o direito. Afinal, se o direito é aquilo que o judiciário diz que é, para que estudar? Para que pesquisar? Doutrina (r)? Para quê (m)? Vamos estudar apenas *case-law* ...!". STRECK, Lenio Luiz. *O que é isto – decido conforme minha consciência?* Porto Alegre: Livraria do Advogado, 2010, p. 79.

[111] "[...] conto de Ítalo Calvino. Pela estória, Alá ditava o Corão para Maomé, que, por sua vez, ditava para Abdula, o escrivão. Em determinado momento Maomé deixou uma frase interrompida. Instintivamente, o escrivão Abdula sugeriu-lhe a conclusão. Distraído, Maomé aceitou como palavra divina o que dissera Abdula. Este fato escandalizou o escrivão, que abandonou o profeta e perdeu a fé. Abdula não era digno de falar em nome de Alá. [...]. Assim como o personagem Abdula não tinha consciência de seu poder (e de seu papel), os operadores jurídicos também não conhecem as suas possibilidades hermenêuticas de produção de sentido. Em sua imensa maioria, prisioneiros das armadilhas e dos grilhões engendrados pelo campo jurídico, sofrem dessa 'síndrome de Abdula'. Consideram que sua missão e seu labor é o de – apenas – reproduzir os sentidos previamente dados/adjudicados/atribuídos por aqueles que possuem o skeptron, isto é, a fala autorizada!" STRECK, Lenio Luiz. *Hermenêutica jurídica e(m) crise*: uma exploração hermenêutica da construção do direito. 6. ed. Porto Alegre: Livraria do Advogado, 2005, p. 236-237.

diálogo travado por dois magistrados, reproduzido por Alexandre Morais da Rosa, bem retrata a condição atual dos operadores do direito: "'– Concordas com a decisão?' '– Sim, se for do Supremo.' Responde o Juiz que decide conforme a moda. '– Mas e o conteúdo, você concorda?' Pergunta o primeiro magistrado. '– E precisa? A embalagem me satisfaz'".[112]

Por outro lado, é possível que uma das grandes chagas do direito brasileiro esteja calcada justamente nas práticas de dedução e subsunção incorporadas no cotidiano dos tribunais, que, naturalmente, confluem para a estandardização do direito. E os precedentes, evidentemente, não escaparam dessa rotina, mormente quando se pretende a partir deles a homogeneização do pensamento jurídico. Veja-se, por exemplo, que se o Supremo Tribunal Federal reconhece que determinada questão constitucional é dotada de repercussão geral no caso do recurso extraordinário, ou, ainda, se é reconhecido pelo Superior Tribunal de Justiça que determinado recurso especial encerra "fundamento em idêntica questão de direito", enfim, um recurso repetitivo, é o que basta para que, doravante, todo e qualquer processo em que supostamente venha a se observar eventual similitude com esses precedentes seja resolvido da mesma maneira, só que, desta feita, por simples dedução/subsunção.

Nessas hipóteses, portanto, os fatos e as especificidades do caso concreto são exorcizados do processo, o que importa, em última análise, é que a questão de direito foi resolvida e isso permite, doravante, para outros casos, o julgamento via dedução/subsunção. Dito de outro modo, conforme o entendimento prevalente na dogmática jurídica, os novos casos, obrigatoriamente, serão/deverão ser concebidos como "iguais" àquele que originou o precedente. Não há mais discussão de causas, o que se discute são teses jurídicas em que as soluções vêm desde logo elaboradas pelos discursos de fundamentação prévia,[113] basta fazer deduções, subsunções ou, ainda, induções. Nesse sentido, conforme explicita Alexandre Morais da Rosa:[114]

> As decisões judiciais deixaram de dizer o caso. Elas são produzidas para serem vistas. O computador e a internet propiciaram uma vitrine para decisões judiciais. Reproduzem-se como metâmetros. De um lado orquestradas pelos órgãos de cúpula e na lógica da Orquestra Judicial, espraiam-se como uma sinfonia única para todo o sistema.

---

[112] ROSA, Alexandre Morais da. O hiato entre a hermenêutica filosófica e a decisão judicial. In: STEIN, Ernildo; STRECK, Lenio Luiz; (Org.). *Hermenêutica e epistemologia*: 50 anos de verdade e método. Porto Alegre: Livraria do Advogado, 2011, p. 131.

[113] STRECK, Lenio Luiz. *O que é isto – decido conforme minha consciência?* Porto Alegre: Livraria do Advogado, 2010, p. 106.

[114] ROSA, op. cit., p. 127-131.

Como é sabido por quase todo acadêmico de direito, na esfera penal é frequentemente utilizado pelos doutrinadores algum exemplo envolvendo gêmeos siameses. No mais das vezes, a opção por esse exemplo demonstra uma posição arcaica ou esdrúxula do doutrinador, porquanto a vida real traz incontáveis exemplos que melhor serviriam para a transmissão do conhecimento jurídico.

Entretanto, esse não é o caso do jusfilósofo Neil MacCormick,[115] pois esse autor traz um exemplo de gêmeos siameses que não só se mostra producente, como também aponta para a impossibilidade de se aplicar de forma descomprometida os precedentes. O referido exemplo, ainda, possibilita demonstrar como os tribunais devem proceder com cautela quando pretendem a universalização a partir de uma razão particular em um caso particular, e, por fim, *a contrario sensu*, acaba por refutar, ao menos no que diz respeito à aplicação dos precedentes, a própria defesa que MacCormick faz do deducionismo.[116]

O exemplo colacionado por MacCormick ocorreu na Inglaterra no caso "*Re A (children) (conjoined twins)*" em que a Corte de Apelações teve que decidir em relação à cirurgia de separação das gêmeas siamesas Jodie e Mary. O problema fulcral, no caso, é que a única possibilidade de uma delas (Jodie) sobreviver poderia ser, fatalmente, o de provocar a morte da outra (Mary).[117]

Para melhor compreensão, seguem colacionadas as palavras conclusivas do julgamento trazido por MacCormick:[118]

> Para evitar que se pense que esta decisão possa se tornar um precedente de dimensões mais amplas, de tal modo que um médico, tendo determinado que seu paciente não pode sobreviver, mate o paciente, é importante reafirmar as circunstâncias únicas para as quais este caso pode ser considerado um precedente. Elas consistem em que seja impossível preservar a vida de X sem acarretar a morte de Y, que Y, pelo só fato de se manter vivo, vá inevitavelmente ocasionar a morte de X em um espaço curto de tempo, e que X seja capaz de sobreviver independentemente mas Y seja incapaz de fazê-lo sob quaisquer circunstâncias (incluindo quaisquer formas de intervenção médica). Como eu disse no início do julgamento, este caso é bastante único.

Dessarte, e para efeito da questão enfocada no presente subcapítulo, são preciosas as observações dessa decisão, porquanto demonstram que não é possível utilizar-se de precedentes sem a devida observação das circunstâncias fáticas, enfim das especificidades do caso concreto, circunstância que deflui, sobretudo, do seguinte trecho: "[...] é impor-

---

[115] Cf. MACCORMICK, op. cit., p. 205.

[116] Ibid., p. 65 *et seq*.

[117] Ibid., p. 119.

[118] Idem, p. 119.

tante reafirmar as circunstâncias únicas para as quais este caso pode ser considerado um precedente".[119]

Seguramente, essa é a lição que deveria ser observada pelas Cortes Superiores brasileiras ao lidar com os precedentes, porquanto as circunstâncias de cada caso sempre serão únicas, pela razão óbvia de que os fatos nunca poderão ser exatamente iguais. Com tal assertiva, evidentemente, não se está a refutar a possibilidade da utilização dos precedentes, até porque eles são absolutamente importantes para a manutenção da tradição, coerência e integridade do direito. O que se pretende, em verdade, é salientar que não se mostra crível o julgamento por simples dedução/subsunção/indução e, por conseguinte, utilizar o precedente como mecanismo de homogeneização do pensamento jurídico, é preciso, sob pena de cercear o efetivo acesso à justiça, que sejam observadas as circunstâncias de cada caso, de modo que a universalização (grau de objetivação abrangente)[120] somente possa ser aceita onde isso for absolutamente possível.

Aliás, o próprio MacCormick salienta, em página anterior àquela em que foi extraída a decisão antes colacionada, no subcapítulo "Universalizando elementos particulares", que:

> É certamente verdadeiro que qualquer universalização feita a partir de uma razão particular em um caso particular tem que ser aceita com uma certa cautela, porque diferentes circunstâncias podem sugerir exceções e qualificações que não haviam surgido à vista das circunstâncias do caso em consideração.[121]

E essa dificuldade em saber lidar com o universal e o particular parece estar presente nas decisões proferidas pelos Tribunais Superiores, mormente do Supremo Tribunal Federal e do Superior Tribunal de Justiça, quando estão envolvidos precedentes, sobretudo após a inserção dos novos mecanismos da repercussão geral, súmulas vinculantes[122] e recursos repetitivos.[123]

---

[119] MACCORMICK, op. cit., p. 119.

[120] STRECK, Lenio Luiz. *Verdade e consenso:* constituição, hermenêutica e teorias discursivas. Da possibilidade à necessidade de respostas corretas em direito. 3. ed. Rio de Janeiro: Lumen Juris, 2009, *passim.*

[121] MACCORMICK, op. cit., p. 118.

[122] Há de se observar, desde logo, que as súmulas não podem ser consideradas como precedente *stricto sensu*, tal como concebido pela dogmática jurídica. Nesse sentido: STRECK, Lenio Luiz. Súmulas vinculantes em *terrae brasilis*: necessitamos de uma teoria para a elaboração de precedentes? *Revista Brasileira de Ciências Criminais*, São Paulo, n. 78, p. 287, 2009.

[123] O instituto da repercussão geral no recurso extraordinário e as súmulas vinculantes foram introduzidos pela Emenda Constitucional n. 45, de 8 de dezembro de 2004, enquanto que o mecanismo dos recursos repetitivos em recurso especial pela Lei n. 11.672, de 8 de maio de 2008.

Em verdade, sem investigar efetivamente as razões jurídicas que conformaram a criação do precedente, e muito menos as questões fáticas e a similitude fática, os Tribunais passam a utilizá-lo para alcançar um sem-número de outros processos. Em suma: os precedentes são considerados como significantes (elemento universal) e o caso particular como significado,[124] tudo realizado pela via da dedução/subsunção.

Conforme antes asseverado, o exemplo dos gêmeos siameses trazido por MacCormick acaba por refutar a própria defesa por ele expendida em favor do deducionismo, ao menos no que se refere à aplicação dos precedentes, porquanto, segundo se dessume da advertência inserta no trecho do julgamento antes colacionado, as circunstâncias de cada caso sempre serão únicas, pela óbvia razão de que os fatos nunca poderão ser exatamente iguais, daí que não se pode estender a aplicação de um precedente a outros casos sem a existência de uma identidade fática. Dessarte, é nesse ponto que reside o problema da defesa do deducionismo preconizada por MacCormick, pois ele concebe a *ratio decidendi* exclusivamente como uma questão de direito, abstraída da questão de fato,[125] [126] por isso a aposta segura do referido jusfilósofo na dedução quando afirma, categoricamente, que o "raciocínio jurídico pode ser e é sempre em parte dedutivo".[127]

Dito de outra forma, a defesa do deducionismo, tal como faz MacCormick, somente se mostra crível se desconsiderados os fatos, pois então somente estarão em liça teses jurídicas. Isso, entretanto, levando-se em conta a impossibilidade da cisão fato-direito, seria uma aposta flagrante na metafísica.

Portanto, se por um lado é preciso ser tolerante para assimilar que as respostas do Poder Judiciário não podem ser mais do que apenas razoáveis,[128] [129] mormente em face da crise que o assola há décadas, de

---

[124] STRECK, Lenio Luiz. Súmulas vinculantes em terrae brasilis: necessitamos de uma teoria para a elaboração de precedentes? *Revista Brasileira de Ciências Criminais*, São Paulo, n. 78, p. 287, 2009, p. 292.

[125] Nesse sentido: Ibid., p. 315

[126] De acordo com Lenio Streck, "[...] pensa-se, cada vez mais, que, com a edição de uma súmula, o enunciado se autonomiza da faticidade que lhe deu origem. É como se, na própria *Common Law*, a *ratio decidendi* pudesse ser exclusivamente uma proposição de direito abstraída da questão de fato". In: Ibid., p. 301.

[127] MACCORMICK, op. cit., p. 100.

[128] SILVA. Ovídio Araújo Baptista da. *Jurisdição, Direito Material e Processo*. Rio de Janeiro: Forense, 2008, p. 140.

[129] Aliás, mesmo que sob a perspectiva de um êxito total de uma justiça distributiva, o que aqui é cogitado para efeito de ilustração, há de se observar, como salientou Agnes Heller, que: "[...] se o modelo da completa igualdade fosse implementado, as necessidades de algumas pessoas seriam totalmente satisfeitas, as de outras apenas em parte, as de outros, ainda, de forma nenhuma. O resultado do igualitarismo rigoroso é a desigualdade". In: HELLER, 1998, p. 250.

outra banda, não se pode admitir que elas sejam um "ideal" de um mundo jurídico em que se pretenda a homogeneização da vida e de seus problemas, daí que é preciso repensar a utilização dos precedentes no direito pátrio que, no estágio atual, representa, com contornos peremptórios, a confirmação do desvelar da estandardização do direito, enfim, do desejo de um mundo jurídico homogeneizado, em que os fatos são exorcizados do processo, para, ao final, a discussão restar limitada ao mero enfrentamento de "teses jurídicas", desprezando-se as efetividades qualitativas da prestação jurisdicional.

2. Constatações e superações necessárias em face do condicionamento discursivo decorrente dos significantes

Assentada a estandardização do direito em bases sólidas no direito pátrio, conforme se dessume do que foi exposto no capítulo precedente, importa salientar as constatações e superações que se mostram necessárias em face do condicionamento discursivo decorrente da utilização de significantes pela dogmática jurídica.

Num primeiro momento, será empreendida análise em relação às súmulas (comuns e vinculantes), repercussão geral e recursos repetitivos, com o escopo de investigar para que e a quem servem esses mecanismos, e, ainda, se são eles elementos de estandardização e bloqueio de acesso à justiça ou soluções possíveis/razoáveis para desafogar o sistema jurídico brasileiro. Logo em seguida, no segundo subcapítulo, será realizada análise do controle social exercido pelo Supremo Tribunal Federal e Superior Tribunal de Justiça a partir da pretendida homogeneização do direito, sob a perspectiva do componente ideológico dos significantes.

Mais adiante, na terceira parte, far-se-á análise da necessidade da superação do mito do dado como condição de possibilidade para a (re)introdução da faticidade no mundo jurídico. Por fim, será empreendida investigação em relação à primazia do discurso do Outro no sentido comum teórico, sua correlação com o paradigma vigente, sua gênese e, ainda, o que é preciso mudar em face desse fenômeno.

2.1. Afinal, para que(m) servem as Súmulas (Comuns e Vinculantes), Repercussão Geral e Recursos Repetitivos? – elementos de estandardização do Direito e bloqueio de acesso à justiça ou soluções possíveis/razoáveis para desafogar o sistema?

Por força da Emenda Constitucional n. 45, de 8 de dezembro de 2004, e, ainda, de recentes reformas legislativas processuais,[130] o direito pátrio passou a conviver com novos mecanismos processuais, tidos por alguns como necessários para desafogar o sistema da crise que o assola, resolvendo velhos problemas estruturais, e, por outros, como meros instrumentos de estandardização e bloqueio de acesso à justiça.

É bem verdade que a adoção desses novos mecanismos (súmulas vinculantes, repercussão geral e recursos repetitivos), pode ser a revelação, como aqui já expressado, do desejo de uma compreensão universal e homogênea da vida e de seus problemas, numa ideia aberta e franca do neoliberalismo,[131] que pretende reduzir o direito aos patamares das ciências exatas.[132]

A questão, entretanto, a despeito de possuir íntima relação com os ideais acima mencionados, pode(ria) ser menos reveladora. Dito de outro modo, pode(ria) significar, ao menos em parte, a necessidade inadiável da adoção de medidas para minimizar os efeitos da crise do Poder Judiciário, sobretudo das Cortes Superiores, e, por isso, válidas e necessárias. Nesse aspecto, não se pode perder de vista, como aduziu Perelman,[133] que "[...] toda nova legislação não faz mais que responder a uma necessidade do meio político, econômico e social".

Por outro lado, a adoção desses instrumentos poderá significar/representar também, e simplesmente, uma forma de bloqueio de acesso à justiça, promovendo e facilitando, gradativamente, a estandardização do direito, atendendo aos interesses do ideal neoliberal de customi-

---

[130] Exemplificativamente, podem ser citadas as seguintes leis: 11.187, de 19.10.2005; 11.232, de 22.12.2005; 11.276 e 11.277, de 7.2.2006; e 11.280, de 16.2.2006; 11.382, de 6.12.2006, 11.417, de 19.12.2006; 11.418, de 19.12.2006; 11.419, de 19.12.06; 11.441, de 4.1.07; e 11.672, de 8.5.08. BRASIL. *Leis*. Disponíveis em: <http://www.planalto.gov.br/ccivil_03/Leis/_Lei-Ordinaria.htm>. Acesso em: 12 jul. 2010.

[131] ROSA, Alexandre Morais da; LINHARES, José Aroso. *Diálogos com law & economics*. Rio de Janeiro: Lumen Juris, 2009, p. 7.

[132] SILVA, Ovídio A. Baptista da. Da função à estrutura. *Revista de Processo*, São Paulo, n. 158, p. 13, 2008.

[133] PERELMAN, Chäim. *Lógica jurídica*: nova retórica. Tradução de Vergínia K. Pupi. 2. ed. São Paulo: Martins Fontes, 2004, p. 115.

zação do Poder Judiciário comprometido fundamentalmente com uma jurisdição quantitativa.

O certo é que a inserção das súmulas vinculantes, repercussão geral e recursos repetitivos, de uma ou de outra forma, guarda relação com a crise do Poder Judiciário, razão pela qual, mesmo que de forma perfunctória, impõe-se a incursão por algumas circunstâncias a ela relacionadas, sem prejuízo de outras abordadas anteriormente, e que possam levar às respostas das indagações desatadas no presente subcapítulo.

Nesse sentido, mesmo que asseverado por Ovídio Araújo Baptista da Silva de que o ponto nodal da crise do Poder Judiciário seria estrutural, e não funcional,[134] há de se suspeitar que pelo menos uma das raízes do problema reside no aspecto funcional, qual seja, a falta de fundamentação adequada das decisões, tanto as monocráticas como as colegiadas. Aliás, necessário observar que essa questão – a da falta de fundamentação – viés funcional da crise do Poder Judiciário, há muito foi apontada pelo próprio Ovídio Baptista em outros trabalhos, conforme também adiante demonstrado, como um dos grandes problemas da jurisdição brasileira.

Outro aspecto que merece ser observado é o que se relaciona com a correta identificação e compreensão da função dos Tribunais Superiores,[135] na medida em que não se pode mais admitir que eles tenham por escopo revisar ou corrigir erros dos tribunais inferiores,[136] circunstância que perpassa, evidentemente, pela melhor análise dos processos e da devida fundamentação das decisões nas instâncias ordinárias, e, por conseguinte, de uma mudança de pensamento dos lidadores do direito – quase ideológica –, no que diz respeito à função das Cortes Superiores.

Vale observar, no que se refere especificamente à repercussão geral no recurso extraordinário, e, quiçá, também em relação à questão dos recursos repetitivos (matéria de competência do Superior Tribunal de Justiça), que, antes mesmo da Emenda Constitucional n. 45, que inseriu aquele instituto na Constituição da República, Ovídio Baptista já indicava a necessidade de utilização de "filtros recursais" pelos Tribunais Superiores, como forma de enfrentar a crise do Poder Judiciário:

---

[134] SILVA, op. cit., p. 9-19.

[135] SAUSEN, Dalton. *A repercussão geral no recurso extraordinário*: perspectiva hermenêutica. Porto Alegre: Dom Quixote, 2007, p. 25.

[136] Nesse sentido: "[...]. Luego de recordar que no incumbe a la Corte revisar el acierto o error, la justicia o injusticia de las decisiones de los tribunales inferiores, [...]". LEGARRE, Santiago. *El requisito de la trascendencia em el recurso extraordinario*. Buenos Aires: Abeledo–Perrot, 1994, p. 18.

> Deixando de lado outras possíveis alternativas, talvez mais simplistas ou menos aconselháveis, parece-nos que uma delas pode ser pensada, como instrumento adequada (sic), quando não para a solução da "crise", que recrudesce a cada dia, especialmente dos tribunais supremos, ao menos como contribuição para minorá-la, qual seja, a reintrodução do sistema de argüição de relevância, como pressuposto para admissão dos recursos de índole extraordinária. [...], a faculdade, que se deve reconhecer aos tribunais supremos, de selecionar, discricionariamente, os recursos que irão merecer seu julgamento é a providência inicial, pedagógica, para a retomada do caminho, que nos haverá de produzir a revisão de nosso perverso sistema recursal. Como o acesso direto ao problema – derivado da doutrina da separação de poderes – está-nos vedado, pela força do próprio paradigma, outra alternativa não nos resta senão o alcançarmos através de suas conseqüências. Sem o "filtro" da argüição de relevância nada se fará que possa impedir que os tribunais supremos se tornem mais um degrau da jurisdição comum, funcionando como juízo de apelação.[137]

Também no mesmo sentido se posiciona Michele Taruffo, ao aduzir: "[...] entonces, se hace razonable la idea de filtros o criterios de selección que reduzcan de manera radical el número de recursos, [...]". E, ainda, conforme esse mesmo autor: "para utilizar una fórmula sintética, es necesario que la Casación trabaje menos para que pueda trabajar mejor".[138]

No que se refere às súmulas, sofrem elas implacável oposição de parte da doutrina, evidentemente, não no sentido de que deveriam ser simplesmente expurgadas do sistema, mas utilizadas de forma adequada. Nesse sentido, Lenio Luiz Streck, por certo uma das vozes mais abalizadas no assunto, promove, há muito, em obras de fôlego,[139] análise aprofundada da matéria, desde a origem, relação com o nosso sistema, legitimidade, cabimento, etc. Aliás, em entrevista concedida à Carta Forense, em dezembro de 2008, Streck afirmou que:

> As Súmulas, sejam "comuns" ou vinculantes, não podem ser consideradas precedentes stricto sensu, por várias razões. Talvez a principal delas é porque o texto é diferente da norma. [...]. O STF é, ao mesmo tempo, o criador do texto e seu aplicador no momento em que julga as reclamações em virtude da não-aplicação das SV.[...].[140]

Ainda, na mesma entrevista, Streck deixou em termos absolutamente lapidares a distinção entre súmula e precedente da *common law*:

---

[137] SILVA, Ovídio A. Baptista da. *Processo e ideologia*: o paradigma racionalista. Rio de Janeiro: Forense, 2004, p. 256, p. 260 e p. 263.

[138] TARUFFO, Michele. *El vértice ambiguo:* ensayos sobre la cassación civil. Lima: Palestra, 2005, p. 179 e p. 241.

[139] STRECK, Lenio Luiz. *Súmulas no direito brasileiro, eficácia, poder e função:* a ilegitimidade constitucional do efeito vinculante. 2. ed. Porto Alegre: Livraria do Advogado, 1998, e STRECK, Lenio Luiz *Verdade e consenso:* constituição, hermenêutica e teorias discursivas. Da possibilidade à necessidade de respostas corretas em direito. 3. ed. Rio de Janeiro: Lumen Juris, 2009.

[140] STRECK, Lenio Luiz. Direito sumular. *Jornal Carta Forense*, dez. 2008. Disponível em: <http://www.carta forense.com.br>. Acesso em: 24 mar. 2009.

A regra do precedente (ou *stare decisis*) se explica pelo adágio *stare decisis et non quieta movere*, que quer dizer continuar com as coisas decididas e não mover as "coisas quietas". O precedente possui uma *holding*, que irradia o efeito vinculante para todo o sistema. Isso não está na Constituição, nem na lei, e, sim, na tradição. Para a vinculação, a matéria (o caso) deve ser similar. A aplicação não se dá automaticamente. Nesse sistema, sempre se deve examinar se o princípio que se pode extrair do precedente constitui a fundamentação da decisão ou tão-somente um dictum. Portanto, também nos EUA – e não poderia ser diferente – texto e norma não são a mesma coisa. Somente os fundamentos da decisão possuem força vinculante. O *dictum* é apenas uma observação ou uma opinião. Mas o mais importante a dizer é que os precedentes são "feitos" para decidir casos passados; sua aplicação em casos futuros é incidental. Tudo isso pode ser resumido no seguinte enunciado: precedentes são formados para resolver casos concretos e eventualmente influenciam decisões futuras; as súmulas, ao contrário são enunciados "gerais e abstratos" – características presentes na lei – que são editados visando à "solução de casos futuros" (conservemos as aspas, na falta de notas de rodapés).[141]

Em linhas gerais, portanto, sabe-se que tanto a repercussão geral, como o mecanismo dos recursos repetitivos e as súmulas (comuns ou vinculantes), têm por escopo primordial a liberação das Cortes Superiores do excesso de recursos a elas endereçados, sendo esse um dos motivos declarados abertamente para a adoção dos referidos filtros recursais, inclusive como forma de amenizar a crise que aflige o Poder Judiciário.

No que se refere aos filtros recursais (repercussão geral e recursos repetitivos), por certo, ninguém irá duvidar da necessidade de que as Cortes Superiores passem a apreciar, no caso do Supremo Tribunal Federal, somente as causas que, obviamente, além de encerrarem questão constitucional, ultrapassem o interesse subjetivo das partes,[142] e, na hipótese do Superior Tribunal de Justiça, evitar que esse Tribunal tenha que se pronunciar um sem-número de vezes acerca das matérias por ele já consolidadas.

Ocorre, entretanto, que esses filtros, embora positivos para o restabelecimento das funções constitucionais desses Tribunais Superiores, encerram questão tormentosa, qual seja, a possibilidade sempre presente da descontextualização das decisões do caso concreto, com o

---

[141] STRECK, Lenio Luiz. Direito sumular. *Jornal Carta Forense*, dez. 2008. Disponível em: <http://www.carta forense.com.br>. Acesso em: 24 mar. 2009.

[142] "Nesse tocante, mostra-se premente o resgate da função precípua da Suprema Corte – de guardião da Constituição Federal – missão que em outros países compete a um Tribunal Constitucional –, pois, em vez disso, o Supremo Tribunal Federal transformou-se, paulatinamente, mediante a utilização indevida do recurso extraordinário, em mera instância recursal ordinária, e, por conseguinte, em repositório de causas que, em sua maioria, não transcendem o interesse exclusivo das partes". SAUSEN, Dalton. *A repercussão geral no recurso extraordinário*: perspectiva hermenêutica. Porto Alegre: Dom Quixote, 2007, p. 25.

consequente desprezo da situação fática e especificidades de cada caso, em face da adoção de conceitos universalizantes por simples dedução/subsunção.

Nesse sentido, e, ao que tudo indica, diante da indispensabilidade desses filtros como uma das alternativas possíveis para suplantar a crise que assola o Poder Judiciário, há de se creditar às Cortes Superiores a prerrogativa de selecionar os recursos que serão por elas julgados, com a ressalva, entretanto, de que

> [...], ao mesmo tempo em que não se pode impingir ao Supremo Tribunal Federal – e esse é um dos objetivos do novel instituto – o ônus de apreciar sempre as causas que contenham rigorosamente o mesmo fundamento, já rechaçado pela Corte um sem-número de vezes, não se pode liberá-la, de tal forma, que fique dispensada de analisar a efetiva similitude do caso concreto com aquele que gerou o respectivo topoi, por simples e descomprometida dedução.[143]

No que diz respeito às sumulas, é flagrante que a práxis vem fornecendo exemplos de que não está sendo desenvolvido o raciocínio acima indicado (análise da similitude/especificidade do caso concreto), daí porque Lenio Luiz Streck explicita: "o que resulta nefasto é a padronização da jurisprudência, obstaculizando o progresso do Direito. O uso das Súmulas de forma indiscriminada, descontextualizadas, tem servido para a 'estandardização' do Direito, [...]".[144] [145]

Ainda, nesse sentido, por percuciente, vale observar outra ilação de Streck a respeito da utilização e compreensão equivocadas das súmulas:

> Com efeito, de há muito sustento que a crítica do "mito do dado" feita por Heidegger é um dos pontos centrais para que se possa elaborar uma crítica consistente às Súmulas

---

[143] SAUSEN, op. cit., p. 78.

[144] STRECK, Lenio Luiz. *Súmulas no direito brasileiro, eficácia, poder e função*: a ilegitimidade constitucional do efeito vinculante. 2. ed. Porto Alegre: Livraria do Advogado, 1998, p. 249.

[145] "Ora, as súmulas, a par de constituírem 'conceitos' que pretendem aprisionar os 'fatos' – e esse parece ser o objetivo dos seus defensores/idealizadores –, não são também textos? Consequentemente, em sendo textos, não são, portanto, interpretáveis? Mas, então, em sendo assim, qual é o problema das Súmulas? A razão principal pode estar na denúncia que Kaufmann faz acerca do modo como os juristas interpretam e aplicam as leis ainda nos dias atuais: se examinarmos a prática judicial actual de um ponto de vista metodológico, ficamos com a impressão de que, neste campo, o tempo parou. Ainda é dominante o método subsuntivo igual ao utilizado no século XIX. O perigo maior representado pelas súmulas vinculantes – e, agora, pelas súmulas impeditivas de recursos – está no fato de que cada uma delas transforma-se em uma 'premissa maior' ou 'categoria' (significante) própria para a elaboração de deduções/subsunções. Trata-se, entre outras coisas, da introdução de um paradoxo em nosso sistema jurídico: os juízes podem contrariar leis; se o fizerem, caberá recurso. O que os juízes não podem fazer é ousar contrariar súmulas (este é o teor da Lei nº 13.276). Ou seja, em terrae brasilis – essa problemática será analisada amiúde mais adiante na presente obra – a lei não vincula; a súmula, sim, mesmo que ela seja contrária à lei e à Constituição. [....]".STRECK, Lenio Luiz. *Verdade e consenso*: constituição, hermenêutica e teorias discursivas. Da possibilidade à necessidade de respostas corretas em direito. 3. ed. Rio de Janeiro: Lumen Juris, 2009, p. 204.

Vinculantes e ao *modus* interpretativo dominante no plano da doutrina e da jurisprudência. Relembro que, muito antes de serem transformadas em "vinculantes", já sustentava (e denunciava) que há(via), nelas, uma nítida pretensão objetivista, que nos joga(va) de volta ao "mito do dado". Trata-se da construção de enunciados assertóricos que pretendem abarcar, de antemão, todas as possíveis hipóteses de aplicação. São respostas *a priori*, "oferecidas" antes das perguntas (que somente ocorrem nos casos concretos). Isto é, as súmulas são uma espécie de "antecipação de sentido", uma "tutela antecipatória das palavras" ou, ainda, uma atribuição de sentido *inaudita altera partes ...!* Mais ainda, são o produto de um neopandectismo, represtinando a pretensão de construção de "realidades supra-legais", em que os conceitos adquirem "vida autônoma". As súmulas, assim como os ementários que (pré)dominam as práticas judiciárias, tem a pretensão de possuírem uma substância comum a todas "as demandas" (causas). Isso explica as razões pelas quais não mais discutimos causas no direito e, sim, somente teses. Essas teses – transformadas em super-enunciados – proporcionam "respostas antecipadas". No fundo, trata-se de um "sonho" de que a interpretação do direito seja isomórfica.[146]

A par de tudo isso, é possível que uma solução mais próxima e eficaz do que a utilização de filtros recursais e súmulas, mormente considerando-se o risco sempre presente da utilização inadequada desses instrumentos/mecanismos, poderia ser justamente o fortalecimento da jurisdição de primeiro grau, tal como asseverou Ovídio Baptista.[147]

Por outro lado, e também conforme Ovídio Baptista, o problema do excesso de recursos guarda relação com a ausência de efetiva fundamentação das decisões judiciais, porquanto,

> Ficamos a meio caminho: nem ausência de fundamentação nem fundamentação "completa" e harmônica com o "conjunto" da prova. Neste domínio, porém, não vige o princípio *in medio virtus*. Ao contrário, o tipo de fundamentação utilizado em nossa experiência judiciária concorre, com certeza, para o aumento do número de recursos. Esta é uma verdade óbvia, sobre a qual, no entanto, pouco se diz e praticamente nada se escreve. Ao contrário, tem-se buscado remédio para o assombroso aumento do número de recursos estabelecendo punição às partes, sob o pressuposto de abuso no direito de recorrer. Trata-se de remédio apenas sintomático. Eliminam-se, ou procuram-se eliminar, os sintomas. A causa do aumento de recursos não é sequer objeto de cogitação. O aumento exagerado do número de recurso é sintoma de sentenças inconvincentes, sentenças carentes de fundamentação.[148]

Nesse sentido, o problema, em parte, como anteriormente explicitado, é funcional, e está na deficiência de fundamentação das decisões proferidas por juízes e desembargadores. Evidentemente que não são todos os julgadores que assim procedem, mas há, inegavelmente, aque-

---

[146] STRECK, Lenio Luiz. *O que é isto – decido conforme minha consciência?* Porto Alegre: Livraria do Advogado, 2010, p. 71.

[147] SILVA, Ovídio A. Baptista da. *Processo e ideologia*: o paradigma racionalista. Rio de Janeiro: Forense, 2004, p. 261 e p. 320.

[148] SILVA. Ovídio A. Baptista da. *Jurisdição, direito material e processo*. Rio de Janeiro: Forense, 2008, p. 157.

les que deixam de analisar o caso com suas particularidades, enfim decidem de forma padronizada, quando deveriam atentar para a situação concreta. Aliás, o que dizer da necessidade quase sempre premente da veiculação dos embargos declaratórios que, como se sabe, decorrem, em grande parte, das decisões mal fundamentadas e descontextualizadas do caso concreto?

Em relação à questão que envolve a falta de fundamentação das decisões, problema recorrente em sentenças e acórdãos, Lenio Luiz Streck adverte que:

> Tudo isso deve ser compreendido a partir daquilo que venho denominando de "uma fundamentação da fundamentação", traduzida por uma radical aplicação do art. 93, IX, da Constituição. Por isso é que uma decisão mal fundamentada não é sanável por embargos (sic); antes disso, há uma inconstitucionalidade ab ovo, que a torna nula, írrita, nenhuma! Aliás, é incrível que, em havendo dispositivo constitucional tornando a fundamentação um direito fundamental, ainda convivamos – veja-se o fenômeno da "baixa constitucionalidade" que venho denunciando há duas décadas – com dispositivos infraconstitucionais pelos quais sentenças contraditórias (sic), obscuras (sic) ou omissas (sic) possam ser sanadas por embargos...![149]

Em verdade, as súmulas vinculantes, repercussão geral e recursos repetitivos são a "personificação" do paradigma vigente, ou seja, de uma jurisdição preocupada precipuamente com os aspectos quantitativos, daí que é necessário explicitar que nada foi usurpado de juízes e desembargadores no que se refere à situação presente, mas, ao contrário, foram os próprios, evidentemente que não na sua maioria, que entregaram, por suas mãos, aos Tribunais Superiores a resolução dos processos. Portanto, e nesse sentido – falta de fundamentação e resolução adequada dos processos – não são eles vítimas do sistema, mas protagonistas em elevado grau.

Nessa esteira, as súmulas (comuns e vinculantes), repercussão geral e recursos repetitivos, tidos por alguns como instrumentos de estandardização e bloqueio de acesso à justiça, poderiam ser considerados como soluções razoáveis/possíveis para desafogar o sistema e, ainda, como mecanismos de purificação e preservação da função das Cortes Superiores, porquanto são reflexos do próprio modelo de jurisdição adotado, e, por conseguinte, providências que se mostraram necessárias, consoante as razões acima alinhavadas (resposta *darwiniana*).[150]

---

[149] STRECK, Lenio Luiz. *O que é isto – decido conforme minha consciência?* Porto Alegre: Livraria do Advogado, 2010, p. 101.

[150] STRECK, Lenio Luiz. Súmulas Vinculantes em *terrae brasilis*: necessitamos de uma teoria para a elaboração de precedentes? *Revista Brasileira de Ciências Criminais*, São Paulo, n. 78, p. 287, 2009, p. 312-313.

Entretanto, o cotidiano dos Tribunais Superiores tem revelado outra realidade, na medida em que eles próprios divulgam constantemente notícias que defluem para a compreensão de que esses instrumentos mais recentes, ou seja, repercussão geral, recursos repetitivos e súmulas vinculantes, foram transformados (desvirtuados ou confirmados) em (como) mecanismos de bloqueio de acesso à justiça e estandardização do direito,[151] tal como já vinha ocorrendo em relação às súmulas "comuns".

Aliás, Lenio Luiz Streck, há muito, ao tratar, entre outras coisas, da crise do Poder Judiciário, já advertia nesse sentido:

> Muito embora essa realidade, não se pode cair, em um primeiro plano de análise, no doce (e conveniente) canto da sereia de reformas ad hoc do sistema jurídico, que sistematicamente têm levado à concentração dos poderes nos tribunais superiores, a ponto de transportar para o nosso sistema mecanismos próprios do *common Law* e do direito tedesco. Veja-se, a propósito, o problema do acesso à justiça só(negado) a partir de mecanismos como os constantes no art. 557 do Código de Processo Civil, monocratizando as decisões de segundo grau, além de impedirem o acesso aos tribunais superiores (TST, STJ e STF). É evidente que necessitamos de mecanismos que conduzam à efetividade da justiça e o "desafogo dos tribunais superiores" (*sic*). Entretanto, não se

---

[151] Embora não seja objeto do presente trabalho, é possível dizer que as "sentenças liminares" e a "súmula impeditiva de recursos" também se apresentam como mecanismos de estandardização e bloqueio de acesso à justiça. Nesse sentido: "No que diz respeito às 'sentenças liminares'(Artigo 285-A do Código de Processo Civil), à 'súmula impeditiva de recursos' (Artigo 518, parágrafo primeiro, do Código de Processo Civil) e, ainda, à 'duração razoável do processo' (esta assegurada constitucionalmente – art. 5º, inciso LXXVIII), cabe aduzir que se apresentam, à primeira vista, como mecanismos de aceleração da tutela jurisdicional. A 'sentença liminar' tem por escopo dar uma resposta imediata à pretensão, quando, na dicção do referido dispositivo, 'a matéria controvertida for unicamente de direito e no juízo já houver sido proferida sentença de total improcedência em outros casos idênticos, poderá ser dispensada a citação e proferida sentença, reproduzindo-se o teor da anteriormente prolatada.', enquanto que a 'súmula impeditiva de recursos' possibilita que: 'o juiz não receberá o recurso de apelação quando a sentença estiver em conformidade com súmula do Superior Tribunal de Justiça ou do Supremo Tribunal Federal'. Já a duração razoável do processo, como o próprio conceito vago/indeterminado pressupõe, a demanda deve ter sua tramitação em tempo racionalmente expedito. A 'sentença liminar', na forma em que foi concebida, traz em seu bojo a expressão do paradigma a que estamos submetidos, porquanto ignora por completo os fatos – inarredáveis para o julgamento da lide – e, ainda, olvida as particularidades de cada caso. Além disso, explicita que, se atendidas as duas primeiras premissas, será inclusive dispensada a citação, em flagrante atentado aos princípios constitucionais da ampla defesa e do contraditório. A par disso, não há como não lhe atribuir a pecha de mecanismo de obstaculização do acesso à justiça, trata-se de dispositivo que deveria ser extirpado do ordenamento processual. No mesmo sentido deve ser concebida a 'súmula impeditiva de recursos', porquanto, além de suprimir um grau de jurisdição, desconsidera a singularidade do caso e, em vez de fortalecer a jurisdição de primeiro grau, como se esperava, acaba por reduzir o magistrado à condição de mero observador/reprodutor de enunciados. Trata-se, em verdade, de um 'falso/pretenso' poder outorgado ao julgador de primeiro grau. A par disso, há de se concluir que a 'sentença liminar' e a 'súmula impeditiva de recursos' não se configuram como mecanismos de aceleração da tutela jurisdicional, mas, ao contrário, como efetivos instrumentos de bloqueio do acesso à Justiça". SAUSEN, Dalton. Reflexões sobre a justiça atual: a insuficiência/ausência dos critérios de justiça almejados e os instrumentos de estandardização e bloqueio de acesso à justiça. *Revista de Processo*, São Paulo, n. 179, p. 354-355, 2010.

pode, em nome de uma "instrumentalidade quantitativa", solapar uma "instrumentalidade qualitativa". Impedir a admissibilidade de recursos com base em Súmulas ou em conceitos ambíguos como de "jurisprudência dominante", muito antes de agilizar o sistema, provocam o esquecimento da singularidade dos casos, isto porque não devemos esquecer que "cada caso é um caso", e que uma questão de fato é sempre uma questão de direito, e uma questão de direito é sempre uma questão de fato, como de há muito alerta Castanheira Neves.[152]

De todo modo, não se pode descurar da contribuição e da conivência dos operadores do direito no que se refere ao desvirtuamento desses mecanismos, porquanto, impregnados pelo sentido comum teórico de que fala Warat,[153] acreditam que as soluções para o excesso de recursos e ações, enfim, para a crise do Poder Judiciário, reside – tão somente – no julgamento "coletivo/massificado" promovido pelos Tribunais Superiores – reforçado agora pelas propostas da reforma do Código de Processo Civil – a partir da utilização de significantes/conceitos universalizantes que, em uma palavra, desprezam o mundo da vida encartado nos processos.

Resta claro, portanto, que a dogmática jurídica se encontra cada vez mais presa ao paradigma vigente, enfim, de uma justiça de quantidade, porquanto instrumentos que poderiam ser salutares para o enfrentamento da crise do Poder Judiciário, que, parafraseando Streck,[154] não são um mal em si, são transformados, paulatinamente, em mecanismos de estandardização do direito e bloqueio de acesso à justiça.

Dessa forma, fica evidente também – o que deve ser lamentado – que esses novos instrumentos servem (ou passaram a servir) quase que exclusivamente aos propósitos neoliberais que envolvem uma perspectiva econômica e política do Poder Judiciário, dissociada dos ideais democráticos preconizados pela Carta Magna de 1988, e, por isso, se caracterizam como mecanismos de estandardização do direito e de bloqueio de acesso à justiça, e não mais como soluções possíveis/razoáveis para desafogar o sistema.

Na esteira disso, impõe-se a análise do controle social exercido pelo Supremo Tribunal Federal e pelo Superior Tribunal de Justiça a partir da pretendida homogeneização do direito (componente ideológico dos significantes).

---

[152] STRECK, Lenio Luiz. *Jurisdição constitucional e hermenêutica.* uma nova crítica do direito. 2 ed. Rio de Janeiro: Forense, 2004, p. 849-850.

[153] WARAT, Luis Alberto. *Introdução geral ao direito II*: a epistemologia jurídica da modernidade. Tradução de José Luis Bolzan. Porto Alegre: Fabris, 1995, p. 69.

[154] STRECK, Lenio Luiz. *Súmulas no direito brasileiro, eficácia, poder e função*: a ilegitimidade constitucional do efeito vinculante. 2. ed. Porto Alegre: Livraria do Advogado, 1998, p. 249.

2.2. O componente ideológico dos significantes: o controle social exercido pelo Supremo Tribunal Federal e pelo Superior Tribunal de Justiça a partir da pretendida homogeneização do Direito

A partir da perspectiva desenvolvida no presente estudo, ou seja, de que a exclusão da faticidade do mundo jurídico tem como premissa, entre outras, a mera redução quantitativa dos processos, através do movimento de estandardização do direito, onde são unicamente consideradas as teses jurídicas, permitindo e facilitando, pelo caminho do atalho, a desoneração do Poder Judiciário da crise que o assola há décadas, importa analisar, mesmo que de forma perfunctória, o componente ideológico dos significantes, que resulta no controle social exercido pelo Supremo Tribunal Federal e pelo Superior Tribunal de Justiça a partir da pretendida homogeneização do mundo jurídico. Antes disso, impõe-se repisar que, indubitavelmente, a redução quantitativa dos processos e recursos se apresenta como medida idônea e necessária, mas que, entretanto, não pode ser empreendida, simplesmente, a partir da desconsideração das questões fáticas em prejuízo das efetividades qualitativas da prestação jurisdicional.

Nesse sentido, não se pode descurar que a homogeneização do pensamento jurídico, capitaneada, mormente, pelo Supremo Tribunal Federal e Superior Tribunal de Justiça, e que parece contar, cada vez mais, com a conivência e simpatia da maioria dos julgadores das instâncias inferiores, promovida através da utilização indevida dos precedentes que decorrem das súmulas,[155] repercussão geral e recursos repetitivos, encontra também uma correspondência ideológica, ou seja, de controle social, na melhor das perspectivas neoliberais.

Aliás, com bem asseverou Luis Alberto Warat, em relação às significações jurídicas,

> De um modo geral poderia dizer que os juristas contam com um arsenal de sintagmas prontos, pequenas condensações de saber, fragmentos de teorias vagamente identificáveis, coágulos de sentido surgido do discurso produzido pelo "Outro" cultural, fluxo de significações que formam uma memória do direito a serviço do poder. Estamos na presença de uma mentalidade difusa, um conjunto de crenças e ficções que os juristas manifestam como ilusão epistêmica, como um sentido comum científico.[156]

---

[155] Há de se observar, desde logo, que as súmulas não podem ser consideradas como precedente stricto sensu, tal como concebido pela dogmática jurídica. Nesse sentido: STRECK, Lenio Luiz. Súmulas vinculantes em terrae brasilis: necessitamos de uma teoria para a elaboração de precedentes? *Revista Brasileira de Ciências Criminais*, São Paulo, n. 78, p. 287, 2009.

[156] WARAT, Luis Alberto. *Introdução geral ao direito II*: a epistemologia jurídica da modernidade. Tradução de Jose Luis Bolzan. Porto Alegre: Fabris, 1995, p. 97.

Dessarte, desde o momento em que o Supremo Tribunal Federal e o Superior Tribunal de Justiça consagram determinada tese como pacificada, seja através da edição de uma súmula (vinculante ou não), do reconhecimento da existência da repercussão geral e de uma matéria como repetitiva, a dogmática jurídica, assim como os operadores do direito, não só fazem reverência ao que foi delimitado por essas Cortes,[157] como igualmente passam a reproduzi-las como "verdades absolutas". Dito de outro modo, o STF e o STJ, sob a ótica de consumidores assumida pelos operadores do direito daquilo que emana dessas Cortes, configuram-se na estrutura que diz a verdade,[158] e, com Alexandre Morais da Rosa, pode-se dizer que "não qualquer verdade: mas toda a verdade".[159] Nesse sentido, há uma espécie de violência simbólica em que os Tribunais Superiores são detentores de uma "fala/linguagem autorizada".[160]

Portanto, mesmo que as decisões proferidas pelos Tribunais Superiores deixem de dizer o caso, porquanto exorcizam os fatos, a dogmática jurídica aceita passivamente a "doutrina dos pretórios", porquanto adoção de posicionamento contrário implicaria, fatalmente, estar fora da moda jurídica.[161]

Aliás, quanto a esse aspecto, ou seja, que envolve a "moda jurídica", Alexandre Morais da Rosa destaca o seguinte:

> O sujeito que não está por dentro dos últimos informativos, pelo que se passa, acredita estar por fora. O consumo de significantes transborda a razão. Buscava-se, até pouco tempo, razões para reflexão. Hoje a razão é vendida com aparente reflexão pronta, embalada em papel de presente aparentemente hermenêutico.[162]

---

[157] Nesse sentido, conforme Alexandre Morais da Rosa: "Há uma compulsão por admirar, copiar e legitimar quem nos conduz". Cf. ROSA, Alexandre Morais da. O hiato entre a hermenêutica filosófica e a decisão judicial. In: STEIN, Ernildo; STRECK, Lenio Luiz (Org.). *Hermenêutica e epistemologia*: 50 anos de verdade e método. Porto Alegre: Livraria do Advogado, 2011, p. 129

[158] Evidentemente que guardadas as proporções, essa situação pode ser comparada com a cidade fictícia de George Orwell, na obra 1984, onde todos tinham um aparelho de TV particular ("teletela"), e ninguém tinha permissão para desligá-lo e também não tinham como saber em que momento o aparelho estava sendo usado como câmera pela emissora que tudo acompanhava e controlava. Enfim, havia um controle superior sobre todos, uma padronização de procedimentos e condutas e o "sistema" dizia a "verdade" que deveria ser aceita sem qualquer contestação. ORWELL, George. *1984*. Tradução Alexandre Hubner, Heloísa Jahn. São Paulo: Companhia das Letras, 2010, *passim*.

[159] ROSA, Alexandre Morais da. O hiato entre a hermenêutica filosófica e a decisão judicial. In: STEIN, Ernildo; STRECK, Lenio Luiz; (Org.). *Hermenêutica e epistemologia*: 50 anos de verdade e método. Porto Alegre: Livraria do Advogado, 2011, p. 129.

[160] Cf. BORDIEU, Pierre. *A economia das trocas linguísticas*. São Paulo: USP, 1996. p. 63 e 89.

[161] ROSA, op. cit., p. 127-131.

[162] Ibid., p. 129.

Nessa linha, os operadores do direito e a dogmática jurídica, mesmo sabendo que estão aderindo a uma forma de controle social (que pode ser tanto política como econômica) ao reproduzirem meramente os enunciados dos Tribunais Superiores, porque essa, seguramente, é uma das facetas visíveis da estandardização do direito, além de corroborarem a fórmula da "razão cínica" de que fala Peter Sloterdijk, de que "eles sabem muito bem o que estão fazendo, mas mesmo assim o fazem",[163] [164] acabam ainda, no mais das vezes, por verbalizar à sociedade, seja no dia a dia forense, ou nas cátedras e manuais jurídicos, que essa homogeneidade jurídica produzida pelas Cortes Superiores deve ser seguida, está correta e é irreversível, porquanto não haveria – de acordo com o "sentido comum teórico"[165] – outra solução para suplantar o número excessivo de demandas e recursos. Olvidam-se, portanto, os dogmáticos e operadores do direito, conforme lembra Luis Alberto Warat, que "simular a unidade é o segredo da dominação".[166]

Diante desse contexto, é preciso cuidado com o viés totalitarista que se apresenta a partir desse processo de estandardização do direito, sob pena de vilipendiar o próprio acesso à justiça, na medida em que, independentemente dos fatos, o jogo já estará sempre jogado, ou melhor, decidido a partir de discursos de fundamentação prévia, contexto em que os fatos e peculiaridades dos processos nada significam, porquanto são "absorvidos" pelos próprios significantes.

Nesse sentido, oportuna, mais uma vez, a lição de Luis Alberto Warat,[167]

> O homem se fez tão adito às palavras, está tão intoxicado delas que as converteu em algo mais importante que o real, o símbolo convertido em algo mais importante do que o que simboliza. Neste momento, a questão é tão grave que caracteriza os tipos de cultura em que vivemos: a sociedade dos simulacros.

---

[163] ZIZEK, Slavoj. (Org.). Como Marx inventou o sintoma. In: *Um mapa da ideologia*. Tradução de Vera Ribeiro. Rio de Janeiro: Contraponto, 1999, p. 313.

[164] Ainda, de acordo com Zizek, essa "razão cínica" de que fala Peter Sloterdijk, "[...] já não é ingênua, é o paradoxo de uma 'falsa consciência esclarecida': estamos perfeitamente cônscios da falsidade, da particularidade por trás da universalidade ideológica, mas, ainda assim, não renunciamos a essa universalidade". ZIZEK, Slavoj. *Eles não sabem o que fazem*. O Sublime objeto da ideologia. Tradução de Vera Ribeiro. Rio de Janeiro: Jorge Zahar Editor, 1992. p. 59-60.

[165] WARAT, Luis Alberto. *Introdução geral ao direito II*: a epistemologia jurídica da modernidade. Tradução de José Luis Bolzan. Porto Alegre: Fabris, 1995, p. 69.

[166] WARAT, Luis Alberto. *A Ciência Jurídica e seus dois maridos*. 2. ed. Santa Cruz do Sul: Edunisc, 2000, p. 75.

[167] Ibid., p. 19.

Portanto, o Supremo Tribunal Federal e o Superior Tribunal de Justiça têm funcionado como espécies de "panópticos"[168] no controle da ordem social, e isso, indubitavelmente, é sério, porquanto, nesse compasso, em breve, e de certo modo, irão suplantar a própria legislação concebida via processo democrático, pois, em uma palavra, somente haverá direito onde houver delimitação prévia pelas Cortes Superiores, pois, no mais, tudo será obstado pelas instâncias ordinárias sob o "fundamento", também padronizado (quase na perspectiva do Fordismo),[169] de que "Isto já está sumulado". Exagero? Não, simples constatação do cotidiano jurídico/forense.

A par disso, é bem possível que as orientações dos advogados, promotores e procuradores em geral, por ocasião da propositura de uma ação, defesa ou recurso, sejam fundamentadas, cada vez mais, naquilo que é dito pelos Tribunais Superiores em discursos de fundamentação prévia, de modo que o acesso efetivo à Justiça (formal e material) passa a se configurar (quase que exclusivamente) naquilo que a própria "Justiça" diz que é possível acessar. Dito de outro modo, trata-se de uma forma de controle social, porquanto somente os pretórios passam a delimitar quais são os direitos permitidos e garantidos, desde que de acordo com a tese por eles deduzida, pouco importando se a causa em liça difere da cadeia decisional até então adotada.

Essa produção e reprodução de significantes, que atende a interesses políticos e econômicos, em que um topoi permite meras escolhas e não mais compreensões na hora de decidir, passam a se apresentar como metacódigos de uma nova linguagem, que "não podem" ser contrariados pelos operadores do direito e instâncias ordinárias. Dito de outro modo, e parafraseando George Orwel,[170] trata-se de uma espécie de "polícia das ideias", em que fica vedada, ou, ainda, como diria Alexandre Morais da Rosa, "fora da moda",[171] toda a produção jurídica que possa ir de encontro ao já-dito pelos Tribunais Superiores.

---

[168] FOUCAULT, Michel. *Vigiar e Punir*. Nascimento da prisão. Tradução de Raquel Ramalhete. 30 ed. Petrópolis: Editora Vozes, 2005, p. 162 *et seq*.

[169] Nesse sentido, e analogicamente, vale mencionar a assertiva de Baumann: "Entre os principais ícones da modernidade estavam a fábrica fordista, que reduzia as atividades humanas a movimentos simples, rotineiros e predeterminados, destinados a serem obedientemente e mecanicamente seguidos, sem envolver as faculdades mentais e excluindo toda espontaneidade e iniciativa individual;" BAUMAN, Zygmunt. *Modernidade líquida*. Tradução de Plínio Dentzien. Rio de Janeiro: Jorge Zahar, 2001, p. 33-34.

[170] ORWELL, George. *1984*. Tradução Alexandre Hubner e Heloísa Jahn. São Paulo: companhia das Letras, 2010, p. 13.

[171] ROSA, Alexandre Morais da. O hiato entre a hermenêutica filosófica e a decisão judicial. In: STEIN, Ernildo; STRECK, Lenio Luiz; (Org.). *Hermenêutica e epistemologia*: 50 anos de verdade e método. Porto Alegre: Livraria do Advogado, 2011, p. 127-13, *passim*.

Nesse sentido, conforme consignou Luis Alberto Warat, "Qualquer dominação começa por proibir a linguagem que não está prevista e sancionada".[172] E, no Brasil, como tem ficado patente, linguagem autorizada é aquela proveniente dos Tribunais Superiores. Em uma palavra, o que ocorre é a autorreprodução do direito pelos Tribunais Superiores. Reproduzem a si mesmos, pois "citar é citar-se".[173]

Dessarte, considerando os significantes produzidos pelas Cortes Superiores como uma espécie de nova linguagem, e que serve de blindagem contra o mundo da vida, apresenta-se oportuna e ilustrativa, mais uma vez, a ficção de George Orwel, quando reproduz o diálogo a respeito da "Novafala" entre os personagens *Winston Smith* e *Syme*, mormente quando este último diz:

> Você não vê que a verdadeira finalidade da Novafala é estreitar o âmbito do pensamento? No fim teremos tornado o pensamento-crime literalmente impossível, já que não haverá palavras para expressá-lo. Todo conceito de que pudermos necessitar será expresso por apenas uma palavra, com significado rigidamente definido, e todos os seus significados subsidiários serão eliminados e esquecidos.[174]

Todavia, esse controle social produzido através dos significantes, evidentemente, conforme já explicitado anteriormente, não é promovido meramente pela imposição unilateral dos Tribunais Superiores, porquanto, para que de fato produza resultado esse modo de operar jurídico, que guarda compromisso com uma jurisdição quantitativa, impõe-se a sua aceitação e profusão pela comunidade jurídica.

Aliás, a aceitação pela comunidade jurídica desse controle exercido pelas Cortes Superiores ganha contornos alarmantes, porquanto já há discursos em relação a possibilidade de ação rescisória contra interpretação constitucional divergente do Supremo Tribunal Federal, bem como a ampliação dessa possibilidade para os casos em que ocorrer julgamento contrário ao que foi decidido em sede de recurso repetitivo, no caso do Superior Tribunal de Justiça.[175]

Como refere Alexandre Morais da Rosa,[176] há uma conivência com os chamados "discursos do conforto", presididos pela lógica da eficiên-

---

[172] WARAT, Luis Alberto. *A Ciência Jurídica e seus dois maridos*. 2. ed. Santa Cruz do Sul: Edunisc, 2000, p. 16.

[173] Ibid., p. 70.

[174] ORWELL, George. *1984*. Tradução Alexandre Hubner e Heloísa Jahn. São Paulo: Companhia das Letras, 2010, p. 68-69.

[175] ARAÚJO, José Henrique Mouta. Processos repetitivos e o desafio do judiciário: rescisória contra interpretação de lei federal. *Revista de Processo*, São Paulo, n. 183, *passim*, 2010.

[176] ROSA, Alexandre Morais da. O hiato entre a hermenêutica filosófica e a decisão judicial. In: STEIN, Ernildo; STRECK, Lenio Luiz; (Org.). *Hermenêutica e epistemologia*: 50 anos de verdade e método. Porto Alegre: Livraria do Advogado, 2011, p. 130.

cia do pragmatismo, em que, o que importa, em última análise, são os resultados obtidos (quantitativos, é claro!). Dito de outra maneira, há uma entrega/adesão da comunidade jurídica a esse ideal de homogeneização do mundo jurídico, e, por conseguinte, ao conteúdo ideológico decorrente da adoção dos discursos de fundamentação prévia. Nesse sentido, absolutamente elucidativa a assertiva de Pierre Bordieu, quando diz:

> A eficácia simbólica das palavras se exerce apenas na medida em que a pessoa-alvo reconhece quem a exerce como podendo exercê-la de direito, ou então, o que dá no mesmo, quando se esquece de si mesma ou se ignora, sujeitando-se a tal eficácia, como se estivesse contribuindo para fundá-la por conta do reconhecimento que lhe concede.[177]

Dessarte, em face desse contexto, é preciso enfrentar esse modelo que somente favorece ao ideal neoliberal de customização do Poder Judiciário, e, por isso, é preciso superá-lo para começar a construir outro que possa viabilizar as efetividades quantitativas, sem o desprezo das qualitativas. Nesse sentido, passar-se-á a análise da necessidade da superação do mito do dado como condição de possibilidade para a (re)introdução da faticidade no mundo jurídico.

2.3. A necessidade da superação do mito do dado como condição de possibilidade para a (re)introdução da faticidade no mundo jurídico

Conforme observado em tópico anterior, encontra-se arraigado no "sentido comum teórico"[178] dos operadores do direito e da dogmática jurídica que as decisões emanadas das Cortes Superiores trazem consigo o "selo da verdade", que são elas o produto acabado do "melhor direito". Tendo-se em conta essa perspectiva, nada mais há para ser dito que não seja a reprodução do que já foi explicitado pelas Cortes Superiores, mesmo que exista uma distância abissal entre o caso em liça e o "precedente" que está sendo aplicado para a sua resolução, daí que assentado em bases absolutamente sólidas no direito brasileiro o fenômeno do "mito do dado".

Nesse sentido, é preciso formar e informar os operadores do direito que as palavras inseridas nos verbetes/enunciados e acórdãos não carregam em si mesmo o sentido, porquanto o sentido será desvelado a partir da identificação fática e jurídica da causa em análise quando da

---

[177] BORDIEU, Pierre. *A economia das trocas linguísticas*. São Paulo: USP, 1996, p. 95.
[178] WARAT, Luis Alberto. *Introdução geral ao direito II*: a epistemologia jurídica da modernidade. Tradução de José Luis Bolzan. Porto Alegre: Fabris, 1995, p. 69.

sua confrontação com o precedente, enfim, quando da apreciação do caso concreto é que se dará o sentido, que é único, irrepetível.[179] Dito de outro modo, os sentidos são atribuídos a partir da faticidade, não arbitrariamente, mas sempre levando-se em conta a pré-compreensão, tradição, coerência e integridade do direito. Pensar de modo diverso, ou seja, que esses discursos de fundamentação prévia podem resolver uma infinidade de casos sem a observância do caso concreto, implica considerá-los como significantes-primordiais-fundantes[180] e os casos como meros significados.

Nessa esteira, igualmente, é preciso superar a concepção equivocada de que esses enunciados produzidos pelas cortes superiores são uma espécie de personificação da verdade, porquanto, conforme se dessume da lição de Heidegger, ao investigar a estrutura da verdade,[181] sintetizada de forma absolutamente escorreita por Ernildo Stein, "Não é o enunciado que é o lugar da verdade, mas a verdade é o lugar do enunciado".[182]

Daí que a desconstrução do mito do dado tem como primeiro passo a superação da concepção de que é possível a separação entre direito e fato, e isso somente será alcançado quando as causas passarem a ser resolvidas também a partir da faticidade nelas inserida, e não somente a partir das teses jurídicas confrontadas. Nesse sentido, não há resolução constitucionalmente adequada de processos quando os fatos restam obnubilados por discursos de fundamentação prévia.

Como refere Lenio Luiz Streck, "[...] os problemas da realidade são resolvidos concretamente, no interior desta mesma realidade, e não numa instância superior, de cunho ideal que, posteriormente, passa a ser aplicada por mimetismo à realidade".[183]

Portanto, a superação do mito do dado deve ser desenvolvida a partir da desobjetificação do direito, porquanto não é possível congelar

---

[179] STRECK, Lenio Luiz. *Verdade e consenso*: constituição, hermenêutica e teorias discursivas. Da possibilidade à necessidade de respostas corretas em direito. 3. ed. Rio de Janeiro: Lumen Juris, 2009, p. 233, 237, 290 e 351.

[180] Ibid., p. 235.

[181] Cf. HEIDEGGER, Martin. *Ser e tempo*. Tradução revisada de Marcia Sá Cavalcante Schuback, 4. ed. Petrópolis: Vozes, 2009, p. 282 *et seq.*, em especial p. 297.

[182] STEIN, Ernildo. *Diferença e metafísica*. Ensaios sobre a desconstrução. Porto Alegre: EdiPucrs, 2000, p. 48.

[183] STRECK, Lenio Luiz. Hermenêutica e decisão jurídica: questões epistemológicas. In: STEIN, Ernildo; STRECK, Lenio Luiz (Org.). *Hermenêutica e epistemologia*: 50 anos de verdade e método. Porto Alegre: Livraria do Advogado, 2011, p. 167.

sentidos como fazem os Tribunais Superiores que não são, e nunca serão, os produtores originais das significações.[184]

Aliás, no atual estágio democrático, é de todo inadmissível imaginar supostos possuidores do sentido da lei,[185] como se apresentam os Tribunais Superiores aos olhos da dogmática jurídica.

Por isso, não é possível concordar com Luiz Guilherme Marinoni quando este aduz, ao tratar da possibilidade de violação da independência dos juízes em face da obrigatoriedade da observância dos precedentes estabelecidos pelos Tribunais, que:

> Argumenta-se, ainda, que obrigar o juiz a decidir de acordo com um precedente significa violar a sua independência. É como se fosse imprescindível ao juiz, para ser independente, poder atribuir significado à lei, pouco importando se o tribunal, inclusive o encarregado de lhe estabelecer o significado, já tenha fixado o seu sentido.[186]

Dessarte, e ao contrário disso, as decisões produzidas pelos Tribunais, mormente os superiores, não podem assumir contornos míticos e místicos e, tampouco, definitivos, como se fossem fundamentos escritos em um "livro de pedra",[187] pois, inarredável, o direito é movimento, a vida é embebida pela alteridade, e a mutabilidade é condição do mundo em que estamos lançados.

Nessa esteira, vale lembrar, com Luis Alberto Warat,[188] que:

> Não podemos pensar na formação de uma cultura democrática aceitando um "clima de significações" que impõe lugares reservados, como donos, para a lei, a verdade, o desejo e o poder. Em uma cultura democrática todos esses lugares precisam ser concebidos como vazios, sem operadores totêmicos, sem silêncios nem segredos, que introduzam os atores sociais numa região simbólica, onde a história e seus protagonistas são inadvertidamente censurados [...].

O mito do dado, personificado (in)devidamente em súmulas, repercussão geral e recursos repetitivos, tem servido, em verdade, como elemento de desoneração dos julgadores, porquanto opera de forma a isentá-los do enfrentamento da faticidade inserida nos processos, e, por conseguinte, da própria responsabilidade que lhes é inerente pela as-

---

[184] WARAT, Luis Alberto. *A Ciência Jurídica e seus dois maridos*. 2. ed. Santa Cruz do Sul: Edunisc, 2000, p. 78.

[185] Ibid., p. 136.

[186] MARINONI, Luiz Guilherme. *Precedentes obrigatórios*. São Paulo: Revista dos Tribunais, 2010, p. 205.

[187] WARAT, Luis Alberto. *A Ciência Jurídica e seus dois maridos*. 2. ed. Santa Cruz do Sul: Edunisc, 2000. p. 72.

[188] WARAT, Luis Alberto. *Introdução geral ao direito II*: a epistemologia jurídica da modernidade. Tradução de Jose Luis Bolzan. Porto Alegre: Fabris, 1995, p. 91.

sunção da função de magistrados.[189] Trata-se, ainda, de um processo de acomodação do direito, onde não é mais preciso fazer qualquer esforço hermenêutico para resgatar a historicidade e a tradição. Dito de outro modo, aceitar o mito do dado é promover o escondimento da vida que se encontra encartada nos processos, é abandonar a própria tradição do direito e crer na possibilidade de um "estado de natureza hermenêutico"[190] em que aos Tribunais de última instância é conferido "o poder de atribuição (inicial e final) de sentido".[191]

A alegoria (ou mito) da caverna, inserta no Capítulo VII da obra *A República*, de Platão,[192] serve para ilustrar o mito do dado e, por conseguinte, o escondimento da faticidade no mundo jurídico. No aludido conto, os habitantes da caverna, por se encontrarem reclusos naquele local desde a infância, algemados de pernas e pescoços, de tal modo que só lhes é dado permanecer no mesmo lugar e olhar em frente, e com uma única perspectiva de visão e audição, em que nunca percebem outra coisa senão as sombras e o eco das palavras pronunciadas pelos homens que passam, imaginam um ambiente externo repleto de circunstâncias que, de fato, não existem, mas que para eles são a realidade. É possível que esses habitantes da caverna façam intermináveis reflexões acerca dos perigos e riscos que se encontram na saída da clausura. Como não lhes é possível acessar o mundo externo, também não lhes ocorre o desvelamento da realidade, de sorte que acreditam que aquilo que veem e ouvem é a realidade.

Dessarte, assim como os habitantes da caverna de Platão, os operadores do direito e a dogmática jurídica, não algemados de pernas e pescoços, mas pelos discursos de fundamentação prévia produzidos pelas Cortes Superiores, personificados em súmulas e topoi de decisões em que foi reconhecida a repercussão geral ou um recurso repetitivo,

---

[189] Nesse sentido, Alexandre Morais da Rosa assevera que: "A contingência do caso – e seu contexto inigualável – resta soterrada pela ilusão do já-dito. Uma decisão antecedente, uma orientação jurisprudencial desonera a responsabilidade pela enunciação 'como se' fosse possível o sujeito se desincumbir do seu lugar. Não pode a jurisprudência ser tratada como um fim em si mesmo ou ainda uma interpretação declarativa e desonerativa. A jurisprudência não é, e nem pode ser, sinônimo de hermenêutica, muito menos de fundamentação, dado que demandam um contexto para fazer sentido. Decorre justamente deste lugar uma responsabilidade que não se pode fugir, nem oscilar. A decisão tinha uma marca e uma singularidade. Hoje se pode falar em banco de sentenças. Por elas tudo já está dito e não há mais decisão. Passa-se à adesão". ROSA, Alexandre Morais da. O hiato entre a hermenêutica filosófica e a decisão judicial. In: STEIN, Ernildo; STRECK, Lenio Luiz; (Org.). *Hermenêutica e epistemologia*: 50 anos de verdade e método. Porto Alegre: Livraria do Advogado, 2011, p. 130-131.

[190] STRECK, Lenio Luiz. *Verdade e consenso*: constituição, hermenêutica e teorias discursivas. Da possibilidade à necessidade de respostas corretas em direito. 3. ed. Rio de Janeiro: Lumen Juris, 2009, *passim*.

[191] Ibid., p. 341.

[192] PLATÃO. *A República*. São Paulo: Martin Claret, 2001. cap. 7, p. 210-238.

não são capazes de ir além daquilo que lhes é dito pelo Supremo Tribunal Federal e pelo Superior Tribunal de Justiça, e o que é pior, além de resignados com a "verdade" proferida por esses Tribunais, ainda reproduzem fielmente suas orientações, professando "religiosamente" essa homogeneização do pensamento jurídico nas cátedras jurídicas e no dia a dia forense, porquanto, sentem-se integrados ou partícipes desse "monastério de sábios".[193]

Nesse contexto, é necessário que os operadores do direito saiam da "caverna dogmática", libertando-se das "algemas" dos discursos de fundamentação prévia/significantes, e passem a superar o mito do dado produzido a partir da estandardização do direito,[194] de modo a possibilitar a (re)introdução da faticidade no mundo jurídico, providência que somente será alcançada por uma mudança quase ideológica de paradigma que, na esteira do que preconiza Thomas Kuhn,[195] somente poderá ser perpetrada por seus próprios praticantes.

Essa mudança necessária para o resgate da faticidade, como não poderia deixar de ser, deve ter como foco a desobjetivação do direito, não apenas no aspecto semântico, mas sob o signo da diferença ontológica e do círculo hermenêutico. A diferença ontológica "constitui o como (*wie*) tudo é acessível, vem ao encontro, mas ela mesma é inaces-

---

[193] Conforme Luis Alberto Warat: "Nenhum homem pronuncia legitimamente palavras de verdade se não é filho (reconhecido) de uma comunidade 'científica', de um monastério de sábios". WARAT, Luis Alberto. *Introdução geral ao direito II*: a epistemologia jurídica da modernidade. Tradução de Jose Luis Bolzan. Porto Alegre: Fabris, 1995, p. 68.

[194] Nesse sentido, o Agravo de Instrumento n. 70035425693, julgado em 18/05/2010, pela Terceira Câmara Especial Cível do Tribunal de Justiça do Rio Grande do Sul, serve para ilustrar a dificuldade dos operadores do direito em superar o mito do dado, e, por conseguinte, a estandardização do direito, porquanto, apesar de absolutamente didático o voto proferido pela Desa. Maria José Schmitt Sant'anna, trecho adiante colacionado, restou vencida pela maioria: "[...] O que me parece inviável é baralhar as duas hipóteses, ou seja, se o devedor paga no prazo de 60 dias não há juros moratórios em período algum, porém, se o pagamento ocorre no sexagésimo primeiro dia os juros moratórios, então, incidem retroativamente, desde a data base do cálculo, como se o desrespeito do prazo em questão fizesse ressurgir uma mora que, na verdade, nunca existiu. Tal entendimento, salvo melhor juízo, parece atender para aquilo que Dworkin considera como integridade do Direito. E mais, e esse parece ser um ponto nodal, a súmula vinculante nº 17, tantas vezes evocada no trato da matéria, não pode ser interpretada sem levar em conta o seu debate de criação pelo STF e os demais precedentes que serviram de base para a sua formulação. Ao contrário, corremos o risco de cair numa estandardização do Direito, e pensarmos que 'com a edição de uma súmula, o enunciado se autonomiza da faticidade que lhe deu origem. É como se, na própria *common Law*, a *ratio decidendi* pudesse ser exclusivamente uma proposição de direito, abstraída da questão de fato.' [...]. Repito, trata-se de questão que não está infensa à problematização. No entanto, parece estar superada em face de toda a discussão que deu origem à própria edição da súmula, a qual, para ser satisfatoriamente aplicável na espécie, não pode ser destacada do contexto em que foi formulada. [...]".

[195] KUHN, Thomas S. *A estrutura das revoluções científicas*. Tradução de Beatriz Viana Boeira e Nelson Boeira. 9 ed. São Paulo: Perspectiva, 2005, *passim*.

sível ao pensamento objetificador".[196] No círculo hermenêutico, por sua vez, "faz-se a distinção entre pré-juízos verdadeiros e falsos, a partir de um retorno contínuo ao projeto prévio de compreensão, que tem na pré-compreensão a sua condição de possibilidade".[197]

O mito do dado, ao pressupor que nada mais há para ser dito, pois tudo já estaria concebido e resolvido previamente pelos Tribunais, de modo que os discursos de fundamentação prévia seriam uma espécie de "categoria fundante," da qual seria possível deduzir sentidos,[198] além de esconder a faticidade, também atenta contra a própria historicidade do direito, porquanto olvida que "a integridade na aplicação do direito significa reconstrução histórica da cadeia de casos interpretados/julgados (doutrina e jurisprudência)".[199]

A par disso, vale lembrar a escorreita advertência de Gadamer, quando diz: "Na verdade, não é a história que nos pertence mas somos nós que pertencemos a ela".[200]

Essa superação do mito do dado, que irá proporcionar a (re)introdução da faticidade no direito, valendo-se da teoria construída por Lenio Luiz Streck, deve ser trabalhada a partir da seguinte premissa:

> A explicitação da resposta de cada caso deverá estar sustentada em consistente justificação, contendo a reconstrução do direito, doutrinária e jurisprudencialmente, confrontando tradições, enfim, colocando a lume a fundamentação jurídica que, ao fim e ao cabo, legitimará a decisão no plano do que se entende por responsabilidade política do intérprete no paradigma do Estado Democrático de Direito.[201]

De tudo isso, conclui-se que é preciso deixar a faticidade emergir novamente nos processos, não se admitindo a mera discussão de teses jurídicas (de forma abstrata) como a única possibilidade de resolução das demandas. Nesse sentido, conforme elucidativamente consigna Lenio Luiz Streck,[202]

---

[196] STEIN, Ernildo. *Diferença e metafísica*: ensaios sobre a desconstrução. Porto Alegre: EdiPucrs, 2000, p. 101.

[197] STRECK, Lenio Luiz. *Verdade e consenso*: constituição, hermenêutica e teorias discursivas. Da possibilidade à necessidade de respostas corretas em direito. 3. ed. Rio de Janeiro: Lumen Juris, 2009, p. 358.

[198] Ibid., p. 295.

[199] Ibid., p. 351.

[200] GADAMER, Hans-Georg. *Verdade e método I*: traços fundamentais de uma hermenêutica filosófica. Tradução de Flávio Paulo Meurer, com nova revisão da tradução por Enio Paulo Giachini. 6. Ed. Petrópolis: Vozes, 2004. p. 367-368.

[201] STRECK, op. cit., p. 357.

[202] STRECK, Lenio Luiz. Hermenêutica e decisão jurídica: questões epistemológicas. In: STEIN, Ernildo; STRECK, Lenio Luiz (Org.). *Hermenêutica e epistemologia*: 50 anos de verdade e método. Porto Alegre: Livraria do Advogado, 2011, p. 157-158.

[...] não há respostas/interpretações (portanto, aplicações) antes da diferença ontológica ou, dizendo de outro modo, antes da manifestação do caso decidendo. Para ser mais simples: não há como definir "aplicações" da lei em abstrato, porque isso seria retornar ao mito do dado (metafísica clássica). Aliás, é Gadamer quem diz que o sentido somente ocorre na situação concreta.

É preciso, portanto, superar esse paradigma em que os fatos são obnubilados em favor de uma jurisdição de quantidade, fazendo com que os julgamentos passem a contemplar causas e não apenas teses jurídicas, razão pela qual se impõe a desconstrução do mito do dado, e, em contrapartida, a construção de uma alternativa possível que, não somente permita a (re)introdução da faticidade no mundo jurídico e uma aplicação adequada dos precedentes,[203] mas, ainda, o controle da escalada da estandardização do direito.

E, conforme será tratado no último capítulo, a hermenêutica filosófica apresenta as condições de possibilidade para a construção dessa alternativa possível, porquanto consentânea às necessidades do direito pátrio.

Antes disso, entretanto, impõe-se a análise da primazia do discurso do Outro no sentido comum teórico, sua correlação com o paradigma vigente, sua gênese e, ainda, o que é preciso mudar em face desse fenômeno que atinge o direito pátrio.

2.4. O discurso do Outro como imperativo. Ou: a primazia do discurso do Outro no sentido comum teórico. Onde está o problema? O que é preciso mudar?

O caráter de reprodução do direito assumido no Brasil ganha, cada vez mais, contornos dramáticos, de modo que se observa uma espécie de autoanulação dos operadores do direito, juristas e doutrinadores em favor do discurso do Outro.[204] Tem-se a impressão de que todos esses

---

[203] Nesse sentido, ou seja, em relação à aplicação adequada dos precedentes, conferir: RAMIRES, Maurício. *Crítica à aplicação de precedentes no direito brasileiro*. Porto Alegre: Livraria do Advogado, 2010, *passim*.

[204] A utilização da expressão Outro tem inspiração na perspectiva trabalhada por Jacques Lacan e Pierre Legendre. Evidentemente que não há uma proposição ou pretensão de análise efetiva dessas teorias ligadas à psicanálise no presente trabalho, até porque não poderiam ser trabalhadas de forma simplista, dado a amplitude e profundidade com que os autores referidos abordam a matéria. Dessarte, as ilações feitas a partir e com esses autores devem ser concebidas como caminhos/conexões possíveis para demonstrar o que deve ser superado pela dogmática jurídica. LACAN, Jacques. *Escritos*. Tradução de Vera Ribeiro. Rio de Janeiro: Jorge Zahar, 1998, *passim*. LEGENDRE, Pierre. *O amor do censor*: ensaio sobre a ordem dogmática. Tradução de Aluísio Menezes e Potiguara Mendes da Silveira Jr. Rio de Janeiro: Forense-Universitária, 1983, *passim*.

"atores de mundo jurídico" ignoram o próprio paradigma reprodutivo do direito em que estão inseridos, tamanha é a adesão a esse discurso que os transforma em meros simulacros, enfim, em simples coadjuvantes de uma justiça estandardizada. Essa impressão, entretanto, vai desde logo desfeita, porquanto há uma clara adesão a esse paradigma da jurisdição quantitativa. Dito de outro modo, e novamente com Peter Sloterdijk, "eles sabem muito bem o que estão fazendo, mas mesmo assim o fazem".[205]

E essa "aliena – ação"[206] do "estafe jurídico", que perpassa pelo graduando no curso de direito, pelos operadores do direito (advogados, procuradores em geral, promotores, juízes, desembargadores e ministros), juristas/doutrinadores e professores (mestres ou doutores, inclusive), acaba por reduzi-los (com a ressalva necessária e evidente de que não são todos que acedem a esse discurso do conforto, ainda há resistência!!!) em verdadeiros reprimidos, que não conseguem (e também não querem, tamanha a adesão ao paradigma) transgredir – minimamente – o sentido comum teórico que guarda relação com a mera reprodução do direito.

Nessa esteira, mesmo que a referência de Jacques Lacan, adiante reproduzida, seja à lei, indubitável que a assertiva também encontra correspondência na dependência dos operadores do direito e da dogmática jurídica em relação aos significantes e da presença do Outro no discurso jurídico: "Assim, é antes a assunção da castração que cria a falta pela qual se institui o desejo. O desejo é desejo de desejo, desejo do Outro, como dissemos, ou seja, submetido à Lei".[207]

Ora, se a vida não é estática, e, sobretudo, se o direito é vida, por que ele haveria de ser imutável, com conceitos pré-estabelecidos e definidos a respeito da interpretação, em que tudo resta abarcado por enunciados/significantes, e com função de reduzir a ciência jurídica apenas a números de uma "estatística feliz" dos Tribunais?

A gênese de tudo isso, sem descartar outras possibilidades aqui não aventadas, pode estar justamente na academia, no ensino jurídi-

---

[205] ZIZEK, (Org.). Como Marx inventou o sintoma. In: ZIZEK, Slavoj. *Um mapa da ideologia*. Tradução de Vera Ribeiro. Rio de Janeiro: Contraponto, 1999, p. 313.

[206] Concebida a partir da expressão "aliena-a-sua-ação" utilizada por Lenio Luiz Sreck para retratar a condição do jurista que, mergulhado "na inautenticidade do mundo jurídico", "[...] aliena-a--sua-ação em favor do Outro (*alienus*=outro). Ou seja, falará sobre o Direito a partir de um limitado horizonte de sentido, repetindo o (pré)estabelecido pelo sentido comum, (con)vivendo em meio a idéias e sentimentos 'acabados e inalteráveis' [...]".(*sic*) STRECK, Lenio Luiz. *Hermenêutica jurídica e(m) crise*: uma exploração hermenêutica da construção do direito. 6. ed. Porto Alegre: Livraria do Advogado, 2005, p. 302.

[207] LACAN, Jacques. *Escritos*. Tradução de Vera Ribeiro. Rio de Janeiro: Jorge Zahar, 1998, p. 866.

co,[208] mais precisamente (e principalmente) na graduação dos cursos de direito.

Nesse sentido, e também em relação à crise do ensino jurídico no Brasil, Lenio Luiz Streck aponta com propriedade que

> [...] o ensino jurídico continua preso às velhas práticas. Por mais que a pesquisa jurídica tenha evoluído a partir do crescimento do número de programas de pós-graduação, estes influxos reflexivos ainda estão distantes das salas de aula dos cursos de graduação, não se podendo olvidar, nesse contexto, que o crescimento da pós-graduação é infinitamente inferior à explosão do número de faculdades instaladas nos últimos anos.[209]

Nesse contexto, insofismável que os futuros operadores do direito, juristas e doutrinadores já saem impregnados da universidade por esse sentimento de que devem aceder ao discurso do Outro, olvidando que eles também podem (devem) indagar, construir e produzir.

Em verdade, os recém-formados (por necessidade imperiosa ou simples comodidade) ajustam-se de modo servil aos ditames do mercado, tornando-se presas fáceis, na medida em que são a mola propulsora dos "cursos" e "cursinhos",[210] estes na mais perfeita acepção da palavra, em que a regra é disseminar os significantes produzidos pelos Tribunais, na apreensão exata dos termos utilizados por determinado doutrinador ou examinador em concursos acerca de algum tema (verdades absolutas!!!), e na "decoreba" de textos da lei em que se pretende a assimilação até das "vírgulas", pois, na questão apresentada nos concursos para uma carreira jurídica, elas poderão, "agilmente", trocar de lugar e implicar a reprovação do candidato.

Nesse sentido, a graduação, por óbvio, não é mais suficiente, é preciso "formar" novamente os egressos das faculdades de direito e dizer a eles tudo o que ficou não dito durante os cinco anos da graduação, e, para isso, os "cursos" e "cursinhos" são hábeis em proclamar a "excelência de sua preparação", alguns até propiciam títulos de especialização por ocasião da conclusão, mesmo que os professores, em

---

[208] Nesse sentido, conferir: STRECK, Lenio Luiz. *Jurisdição constitucional e hermenêutica*: uma nova crítica do direito. 2. ed. Rio de Janeiro: Forense, 2004, p. 30-38.

[209] STRECK, Lenio Luiz. *Hermenêutica jurídica e (m) crise:* uma exploração hermenêutica da construção do direito. 6. ed. Porto Alegre: Livraria do Advogado, 2005, p. 82

[210] Nesse sentido: "A dogmática jurídica, entendida como senso comum teórico (um saber não crítico-reflexivo), vem sofrendo novos influxos decorrentes da massificação do direito. Nessa linha, vem crescendo em importância os setores ligados aos cursinhos de preparação para concursos. É o que se pode denominar de 'ne-opentescostalismo jurídico', em que juristas, à semelhança de alguns pastores/pregadores que podem ser vistos em congressos, sites e até mesmo na televisão, fazem a apologia da estandardização/simplificação do direito". STRECK, Lenio Luiz. *O que é isto – decido conforme minha consciência?* Porto Alegre: Livraria do Advogado, 2010, p. 77-78.

parte, sejam os mesmos que contribuíram para a *de(sin)formação*[211] jurídica durante o curso de direito.

Ainda, em relação aos cursos, alguns deles, por vezes, têm apresentado exemplos aterradores da forma de ensino jurídico no Brasil, os professores/apresentadores, além da performance pastoral, trazem exemplos e posicionamentos doutrinários que deixam evidentes as razões pelas quais o direito tornou-se refém (paradoxalmente) de objetivismos e subjetivismos.

Na dianteira de tudo isso está também, indubitavelmente, a cultura dos manuais no ensino jurídico que, em sua grande maioria, apenas reproduzem os textos legais, com comentários dos comentários (de outros, é claro!), ou, ainda, com exposição de obviedades que nada mais representam do que a própria repetição, com outras palavras, do texto da lei. São manuais a respeito de tudo e com todas as possibilidades, tal como assevera Lenio Luiz Streck, "direito simplificado e descomplicado".[212]

Em relação à cultura "manualesca", vale observar o que há muito foi explicitado por Lenio Luiz Streck:

> A cultura calcada em manuais, muitos de duvidosa cientificidade, ainda predomina na maioria das faculdades de Direito. Forma-se, assim, um imaginário que "simplifica" o ensino jurídico, a partir da construção de *standards* e lugares comuns, repetidos nas salas de aula e posteriormente nos cursos de preparação para concursos, bem como nos fóruns e tribunais. Essa cultura alicerça-se em casuísmos didáticos. O positivismo ainda é a regra. A dogmática jurídica trabalhada nas salas de aula (e reproduzida em boa parte dos manuais) considera o Direito como sendo uma mera racionalidade instrumental. Em termos metodológicos, predomina o dedutivismo, a partir da reprodução inconsciente da metafísica relação sujeito-objeto. Nesse contexto, o próprio ensino jurídico é encarado como uma terceira coisa, no interior da qual o professor é um outsider do sistema.[213]

Mas, afinal, quem é esse Outro, detentor da fala autorizada? Esse Outro, seguramente, encontra personificação nos Tribunais, mormente nos Superiores, e nos "atores do mundo jurídico" que professam e aplicam discursos que alimentam a "cultura dos significantes" que possibilita a estandardização do direito. São eles, em uma palavra, integrantes

---

[211] Expressão utilizada por Lenio Luiz Streck. In: STRECK, Lenio Luiz. Hermenêutica e (pos)positivismo? Por que o ensino jurídico continua de(sin)formando os alunos? STRECK, Lenio Luiz. Hermenêutica e (pos)positivismo? Por que o ensino jurídico continua de(sin)formando os alunos? In: STRECK, Lenio Luiz; CALLEGARI, André Luís; ROCHA, Leonel Severo (Org.). *Constituição, Sistemas Sociais e Hermenêutica:* Programa de Pós-Graduação em Direito da UNISINOS: mestrado e doutorado, Porto Alegre; São Leopoldo, n. 7, p. 163-185, 2010.

[212] STRECK, Lenio Luiz. *O que é isto – decido conforme minha consciência?* Porto Alegre: Livraria do Advogado, 2010, p. 77.

[213] STRECK, Lenio Luiz. *Hermenêutica jurídica e (m) crise:* uma exploração hermenêutica da construção do direito. 6. ed. Porto Alegre: Livraria do Advogado, 2005, p. 82-83.

de uma espécie de "monastério dos sábios" eleitos pelo sentido comum teórico. Todavia, não se pode olvidar que há ainda os que adjudicam a si próprios essa condição do Outro, como se ungidos por um poder divino e, apesar disso, são aceitos facilmente pela comunidade jurídica.

Entretanto, nesse contexto em que o ensino jurídico apresenta-se como a gênese do problema, como entendido no presente estudo, inarredável que o Outro encontra personificação também em grande parte dos professores que ensinam a ciência jurídica, pois, em um ambiente em que o direito volta-se de forma quase peremptória para a simples reprodução, não há como promover grandes isenções.

Dessarte, como o problema fulcral está na origem, ou seja, no ensino jurídico, inevitável a atribuição de parcela significativa da responsabilidade aos professores, e, por isso, parafraseando Jacques Lacan, há de se perguntar àquele que ensina.[214] Sim, há de se questioná-lo, como ator principal do processo de aprendizagem jurídica, acerca do que vem fazendo com o ensino do direito, porquanto, mesmo sabedor, ou presumível sabedor dos efeitos nefastos do paradigma vigente, continua a professá-lo liturgicamente.

Dito isso, e antes de prosseguir, é preciso alertar para o fato de que mesmo que os Tribunais Superiores ocupem primordialmente o papel do Outro dentro do sistema jurídico brasileiro, a partir do mito do dado, conforme esposado no subcapítulo anterior, eles são apenas a ponta do iceberg, pois o problema, em relação à primazia do discurso do Outro no sentido comum teórico, está, indubitavelmente, na origem, ou seja, no ensino jurídico, e, por conseguinte, no papel exercido pelos mestres/professores. Dito de outro modo, a "catequização" exercida pelos Tribunais Superiores, e que resulta na estandardização do direito, é o produto final de todo o processo de aprendizagem do direito no Brasil.

Dessarte, e na verdade, ao professar a cultura dos manuais e do direito pronto, o professor, quando assim procede, promove uma espécie de processo de expiação da culpa, tornando-se apenas um "recitante"[215] e, por isso, analogicamente, como afirma Pierre Legendre, "Na epifania da lei, o jurista não participa de nada, ele não inventou nada, ele é inocente, tendo simplesmente dado a contra lógica do texto ao pronunciar as palavras do sentido conferido a este último".[216]

---

[214] LACAN, Jacques. *O seminário:* livro 2 o eu na teoria de Freud e na técnica da psicanálise. Tradução de Marie Christine Laznik Penot. 4. ed. Rio de Janeiro: Jorge Zahar, 1995, p. 259 *et seq.*

[215] LEGENDRE, Pierre. *O amor do censor*: ensaio sobre a ordem dogmática. Tradução de Aluísio Menezes e Potiguara Mendes da Silveira Jr. Rio de Janeiro: Forense-Universitária, 1983, p. 89.

[216] Ibid., p. 85.

Nesse diapasão, o problema, e a partir do que também assevera Pierre Legendre, é que "O mestre está sempre no lugar de um outro, ele profetiza, e seu discurso é apenas uma continuidade proferida".[217] Nesse sentido, forma-se uma cadeia de transmissão do discurso do Outro, porquanto, seguindo o profetizado pelo mestre, cujo saber advém do "doutrinador", do que é dito pelos pretórios, e não raras vezes também da cultura do manual, o aluno, sentido-se partícipe desse "monastério de sábios",[218] repete o que diz o seu mestre, fazendo com que este assuma categoricamente a condição do Outro. No final, a realização é plena, mas, invariavelmente, através do Outro. O discurso, entretanto, é sempre o mesmo, ou seja, reproduz-se o direito.

Tudo isso acaba por produzir os "saberes satélites",[219] em que o Outro (que pode ser o professor, ou, ainda, o autor, por exemplo, do manual "descomplicado" de direito processual civil) passa a ser o portador do saber e, em torno dele, gravitam os saberes produzidos pelo adestramento catedrático.

Exemplos clássicos a respeito do imperativo do discurso do Outro no sentido comum teórico, são, especialmente, os manuais e obras que comentam as novas legislações que ainda não estão em vigor. Os operadores do direito e estudantes e, ainda, os professores que trabalham de forma ardorosa, e por vezes velada, com os manuais em sala de aula da graduação e dos cursos e cursinhos, ficam ávidos por aquilo que lhes será liturgicamente dito pelos "doutrinadores", ou seja, pelo Outro, pois, em uma palavra, não são capazes, por si só, de alcançar qualquer ilação.

Aliás, o projeto do novo Código de Processo Civil, já anteriormente mencionado, nem ao menos foi sancionado/promulgado e já há publicações tratando da "interpretação" da novel legislação, cujos títulos das obras, quase sempre em letras "garrafais", carregam expressões como: "O NOVO (OU, DE ACORDO COM O NOVO) CÓDIGO DE PROCESSO CIVIL". Os autores dessas publicações, por sua vez, – sobretudo a partir da perspectiva de consumidores do direito pronto assumida pelos operadores do direito, acadêmicos, estudantes e professores –, são igualmente a personificação do Outro, porquanto creem que somente a eles é dado "o saber" de professar o "sentido" da lei, daí, mais uma vez, a constatação da primazia do discurso do Outro no sentido comum teórico.

---

[217] LEGENDRE, op. cit., p. 89.

[218] WARAT, Luis Alberto. *Introdução geral ao direito II*: a epistemologia jurídica da modernidade. Tradução de José Luis Bolzan. Porto Alegre: Fabris, 1995.p. 68.

[219] LEGENDRE, op. cit., p. 89

"Mas e os rebeldes?"[220] O que pensam eles sobre tudo isso? Como já dito, e por sorte, não são todos os operadores do direito, estudantes, juristas, doutrinadores e professores que aceitam essa "liturgia da submissão",[221] há, sim, vozes discordantes, mas que, de certo modo, não são bem vistas pela dogmática jurídica dominante, pois professam discursos de rebeldia em relação ao paradigma vigente, porquanto não aceitam, por exemplo, a existência de processo dissociado da faticidade, enfim, que o direito possa ser meramente o produto da discussão de teses jurídicas em abstrato.

Entretanto, quem ousar alegar e produzir trabalho ou obra no sentido de que o direito, por exemplo, não está infenso à filosofia, ou, mais ainda, sustentar que é preciso adotar uma hermenêutica de cunho filosófico para solucionar os problemas do direito brasileiro, poderá, parafraseando Legendre,[222] ser excomungado, enfim, evitado pelo mundo jurídico estandardizado, sendo ainda tachado, como comumente é propalado nas rodas acadêmicas, de "autor de obra muito filosófica".

Nesse sentido, os que destoam do modelo autorizado pela dogmática jurídica sofrem uma espécie de censura que acaba por excluí-los do processo de comunicação e informação do direito. Nesse sentido, vale observar a advertência de Pierre Bordieu:

> A censura alcança seu mais alto grau de perfeição e invisibilidade quando cada agente não tem mais nada a dizer além daquilo que está objetivamente autorizado a dizer: sequer precisa ser, neste caso, seu próprio censor, pois já se encontra de uma vez por todas censurado, através das formas de percepção e de expressão por ele interiorizadas, e que impõem sua forma a todas as suas expressões. Entre as censuras mais eficazes e mais bem-dissimuladas situam-se aquelas que consistem em excluir certos agentes da comunicação, excluindo-os dos grupos que falam ou das posições de onde se fala com autoridade.[223]

Apesar disso, são essas vozes dissonantes do sentido comum teórico que irão introduzir, mesmo que de forma lenta, uma nova forma de analisar o direito, onde as efetividades qualitativas não ficarão mais em segundo plano.

Mas para que isso ocorra, e respondendo a indagação inicial do que é necessário mudar, impõe-se o repensar de todo o ensino jurídico, porquanto é chegado o momento de superar a cultura manualesca, en-

---

[220] LEGENDRE, Pierre. *O amor do censor*: ensaio sobre a ordem dogmática. Tradução de Aluísio Menezes e Potiguara Mendes da Silveira Jr. Rio de Janeiro: Forense-Universitária, 1983, p. 146.

[221] Ibid., p. 87.

[222] Ibid., p. 148.

[223] BORDIEU, Pierre. *A economia das trocas linguísticas*. São Paulo: USP, 1996, p. 132-133.

sinando aos alunos dos cursos de graduação que o direito é produtivo, e não apenas reprodutivo. Dito de outro modo, é preciso informar,[224] e não só formar bacharéis. Em uma palavra, não está proibido pensar e produzir.

Nesse sentido, é preciso transgredir o lugar comum, ir além dos termos e limites impostos pelo paradigma vigente, contestando, sempre que possível e necessário, o "mestre" que professa o discurso dogmático que dá sustentação à justiça estandardizada.

Dessarte, o meio acadêmico necessita produzir discursos abertos, que não tenham mais preocupação com as aspas que adjudicam, invariavelmente, a posse do sentido ao Outro,[225] como se ele fosse o proprietário do conhecimento jurídico que aguarda passivamente o seu reconhecimento.

Assim, é importante superar aquele sujeito castrado de que fala Warat, que não sente necessidade de confrontar o instituído, e que crê na existência de proprietários do saber.[226]

Nessa esteira, é fundamental despertar para o mundo da vida, porque isso é "profundamente libertador",[227] e compreender, como ensina Ernildo Stein, que

> Nós não somos apenas sujeitos que apreendem a massa de informação que nos é oferecida nas escolas, nas especializações, mas somos indivíduos produzidos pelos movimentos culturais, pelos processos históricos involuntários, portanto, temos uma biografia que não se compõe apenas pela rigidez de certos parâmetros oficiais.[228]

Portanto, os "atores do mundo jurídico" precisam ter consciência de que acatar o discurso do Outro é negar as condições de possibilidade outorgadas pela Constituição da República para construção de uma sociedade mais justa e equilibrada, é negar a própria autonomia conquistada pelo direito que, em última análise, se apresenta como sustentáculo do Estado Democrático do Direito.[229]

---

[224] Nesse sentido, conferir: STRECK, Lenio Luiz. Hermenêutica e (pos)positivismo? por que o ensino jurídico continua de(sin)formando os alunos? In: STRECK, Lenio Luiz; CALLEGARI, André Luís; ROCHA, Leonel Severo (Org.). *Constituição, Sistemas Sociais e Hermenêutica*: Programa de Pós-Graduação em Direito da UNISINOS: mestrado e doutorado, Porto Alegre; São Leopoldo, n. 7, p. 163-185, 2010.

[225] WARAT, Luis Alberto. *A Ciência Jurídica e seus dois maridos*. 2. ed. Santa Cruz do Sul: Edunisc, 2000. p. 71.

[226] Ibid., p. 15.

[227] STEIN, Ernildo. *Aproximações sobre hermenêutica*. 2. ed. Porto Alegre: EDIPUCRS, 2004, p. 56.

[228] Ibid., p. 56.

[229] Nesse sentido: STRECK, op. cit., p. 183.

Daí que o ensino jurídico não pode(rá) ficar relegado à reprodução do discurso do Outro, é preciso, em última análise, pensar e produzir, pois o direito é (e deve ser) produtivo.

A par disso, o presente trabalho passa à análise das possibilidades (caminhos e construções possíveis) da hermenêutica filosófica para o controle da estandardização do direito e o resgate/salvamento das súmulas (comuns e vinculantes), repercussão geral e recursos repetitivos.

3. Possibilidades (caminhos e construções possíveis) da hermenêutica filosófica para o controle da estandardização do Direito e o resgate/salvamento das Súmulas (Comuns e Vinculantes), Repercussão Geral e Recursos Repetitivos

O texto até aqui apresentado, como não poderia deixar de ser, encontra-se atrelado indissociavelmente à teoria utilizada. Dito de outro modo, a hermenêutica filosófica vem adotada desde a primeira linha do presente estudo, permeando todo o trabalho, motivo por que o primeiro item deste terceiro capítulo, em que serão demonstradas as razões pelas quais restou adotada essa teoria de cunho filosófico, não poderá ser considerado extemporâneo, porquanto, desde logo, isso ficou bem claro, pode-se dizer, pré-compreendido.

Nesse diapasão, tudo o que foi exposto anteriormente no presente trabalho deve ser concebido como condição de possibilidade para a apresentação deste capítulo, e, por conseguinte, como caminhos (já percorridos) e construções (já realizadas) para a superação do paradigma vigente.

No primeiro subcapítulo será tratado, como acima sinalado, do porquê da adoção da hermenêutica filosófica como condição de possibilidade para o controle da estandardização do direito e resgate (salvamento) das súmulas, repercussão geral e recursos repetitivos. Logo após, no segundo subcapítulo, será tratado do papel desvelador da fenomenologia hermenêutica para a superação do *habitus dogmaticus* que alimenta a justiça estandardizada, especialmente a partir da estrutura prévia da compreensão desenvolvida por Martin Heidegger, daí porque a imediata sinalização no subtítulo com as expressões "ser-aí" e "ser-no-mundo".

No terceiro item será analisada a necessidade da salvaguarda da pré-compreensão, tradição, coerência e integridade, como condição de possibilidade para o controle da estandardização do direito, haja vista os juízos inautênticos da dogmática jurídica dominante em relação a esses pilares da teoria aqui adotada. E, por fim, no último subcapítulo, tratar-se-á das soluções possíveis da hermenêutica filosófica para o controle da estandardização do direito e para o resgate hermenêutico das súmulas, repercussão geral e recursos repetitivos, a partir da teoria construída por Lenio Luiz Streck, e daquilo que ele tem denominado de "mínimo é" e "grau de objetivação abrangente".

3.1. Por que a hermenêutica filosófica?

A opção por uma hermenêutica de caráter filosófico talvez não seja o caminho mais fácil a seguir frente a um paradigma jurídico que opera (e se mantém refém) paradoxalmente a partir de objetivismos (personificados nos conceitos universalizantes/significantes produzidos pelas Cortes Superiores) e de subjetivismos (decorrentes da adoção de uma postura solipsista da grande maioria dos julgadores),[230] que cultiva a relação sujeito-objeto, e que, ainda, aceita tranquilamente a existência de dualismos como, por exemplo, a separação entre direito e fato e a cisão entre interpretar e aplicar. Evidentemente que a dificuldade, no caso, não reside nas possibilidades da hermenêutica filosófica para a construção de soluções viáveis, mas, sim, na resistência da dogmática jurídica em superar o paradigma vigente de uma justiça estandardizada.

Em relação ao sincretismo suprarreferido – objetivismos e subjetivismos – Lenio Luiz Streck faz ilação no seguinte sentido:

> Na verdade, está-se diante de um sincretismo *ad hoc*: quando interessa ao *establishment* dogmático (aos detentores da fala), lança-se mão da filosofia da consciência; quando já não há como "segurar" esse "estado de natureza hermenêutico" decorrente dessa "livre convicção", "livre convencimento", "íntima convicção" (e suas decorrências, como panprincipiologismo, o axiologismo, o pragmatismo, etc.), apela-se ao mito do dado ... E tudo começa de novo, como um eterno retorno ...! O segredo deste "vai e vem" está no poder de atribuição de sentido, no interior do qual objetivismos e subjetivismos são apenas os instrumentos da interpretação enquanto "ato de vontade": é por isso que o objetivismo e subjetivismo conseguem conviver nas propostas legislativas do novo CPP e do CPC, e, destarte, por óbvio, no imaginário dos juristas.[231]

---

[230] Nesse sentido: Cf. STRECK, Lenio Luiz. *O que é isto – decido conforme a minha consciência?* Porto Alegre: Livraria do Advogado, 2010, *passim*.

[231] Ibid., p. 109-110.

Nessa esteira, optar e insistir na utilização da hermenêutica filosófica, como é o caso do presente trabalho, em um mundo jurídico onde predomina a cultura "manualesca" que pretende compartimentar o saber jurídico, em que se aplaude, sem qualquer constrangimento, a produção massificada pelos Tribunais Superiores e as reformas processuais que alimentam, como boa lenha na fogueira, os ideais da estandardização do direito, a despeito dos esforços até agora empreendidos por doutrinadores/juristas, por todos Lenio Luiz Streck, que há muito professam a necessidade da adoção de uma hermenêutica desse jaez,[232] é seguramente, parafraseando Zizek, "arriscar o impossível",[233] mas que é absolutamente necessário para reintroduzir o mundo da vida no direito e, ainda, combater não só as generalizações e abstrações promovidas pela dogmática jurídica, mas também o sonho por ela acalentado de uma fundamentação última,[234] sempre partindo de um grau zero de sentido, em que cada nova decisão ignora a tradição, integridade e coerência do direito.

Portanto, ao trilhar esse caminho da hermenêutica que possibilita o enfrentamento do paradigma vigente de uma justiça estandardizada, que desvirtua instrumentos/mecanismos que poderiam ser salutares para a superação da crise do Poder Judiciário, é importante, como diz Ernildo Stein, definir uma posição filosófica, e isso, certamente, acarreta(rá) compromissos, daí que, conforme esse mesmo autor:

> Na filosofia não se escolhe um autor sem, de algum modo, já estar iniciado nele. Em outras palavras, é preciso buscar no autor o que, de algum modo, já se encontrou. Isso quer dizer que, no fundo, para filosofar de verdade, é preciso já estar filosofando. Escolher um autor, na filosofia, significa então já estar ciente de que com isso se está abandonando convicções ingênuas sobre a realidade e o conhecimento. A escolha, assim, implica em assumir um nível diferente do conhecimento em geral.[235]

---

[232] Oportuno advertir, desde logo, com Lenio Luiz Streck, "[...] para a diferença que existe entre hermenêutica clássica, vista como pura técnica de interpretação (Auslegung), e a hermenêutica filosófica, de matriz gadameriana, que trabalha com um 'dar sentido' (Sinngebung), [...]". STRECK, Lenio Luiz. *Hermenêutica jurídica e (m) crise:* uma exploração hermenêutica da construção do direito. 6. ed. Porto Alegre: Livraria do Advogado, 2005, p. 188.

[233] ZIZEK, Slavoj; DALY, Glyn. *Arriscar o impossível.* Conversas com Zizek. Tradução de Vera Ribeiro. São Paulo: Martins Fontes, 2006, passim.

[234] Conforme Streck, [...], a hermenêutica filosófica não admite respostas definitivas, porque isso provocaria um congelamento de sentidos. Respostas definitivas pressupõem o sequestro da temporalidade. E a hermenêutica é fundamentalmente dependente da temporalidade. O tempo é o nome do ser. Ou seja , a pretensão a respostas definitivas (ou verdades apodíticas) sequer teria condições de ser garantida". STRECK, Lenio Luiz. *Verdade e consenso:* constituição, hermenêutica e teorias discursivas. Da possibilidade à necessidade de respostas corretas em direito. 3. ed. Rio de Janeiro: Lumen Juris, 2009, p. 572.

[235] STEIN, Ernildo. *Exercícios de fenomenologia:* limites de um paradigma. Ijuí: Unijuí, 2004, p. 122.

Dessarte, uma vez definida a posição filosófica, enfim, "o lugar da fala", e para "já estar filosofando",[236] não é mais possível agir como naquela anedota trazida por Stein, onde um

> [...] senhor que sai às 11 horas da noite para passear com seu cachorro na praça e perde as chaves. Só há um poste de luz e ele começa a procurar as chaves ali, nas luzes. Passa um outro solitário da noite e pergunta: *O que o senhor está procurando?* Estou procurando as chaves. O senhor sabe que as perdeu aqui? Não, não sei se as perdi aqui, mas, aqui tem luz, responde o senhor.[237]

Ainda, em face dessa anedota, Ernildo Stein explicita que:

> A investigação se fazia sempre assim. Não se investigava no escuro. Só se investiga a partir de parâmetros previamente estabelecidos. Foi esse o estranhamento que, de certo modo, a tradição produziu na filosofia. O indivíduo na reflexão filosófica perdia-se em campos em que talvez não rendesse nada – mais ele estava procurando.[238]

Na esteira dessa lição, é preciso procurar outro caminho, mudar o *habitus dogmaticus*, porquanto não é possível insistir mais no paradigma vigente, sendo, ainda, que essas considerações de Stein servem igualmente para demonstrar o efeito que a hermenêutica filosófica certamente irá produzir nos operadores do direito, ou seja, um estranhamento necessário, mas que irá oportunizar, gradativamente, a convivência harmônica das efetividades quantitativas com as qualitativas da prestação jurisdicional.

A adoção da hermenêutica filosófica neste estudo, que tem sua matriz teórica na teoria construída por Lenio Luiz Streck, fruto da simbiose entre as teorias de Dworkin e Gadamer, e, por conseguinte, como condição de possibilidade para o controle da estandardização do direito e resgate/salvamento das súmulas (comuns e vinculantes), repercussão geral e recursos repetitivos, tem como ponto de partida a pretensão singela de que se deve permitir a realização no direito daquilo que o ser humano faz no cotidiano, ou seja, interpretar, e não a mera reprodução de significantes produzidos pelas Cortes Superiores, enfim, do discurso do Outro.

Dito de outra forma, a hermenêutica filosófica oferece ao homem as condições de possibilidade do conhecer, sem perder a ligação com o mundo. Essa, portanto, é a primeira diferença que se observa dos postulados da hermenêutica filosófica com o modo de operar jurídico vigente, ou seja, aceitar e fazer valer que o homem sempre interpreta, porquanto faz parte de um projeto inacabado, em que sempre será preciso interpretar.

---

[236] STEIN, Ernildo. *Exercícios de fenomenologia:* limites de um paradigma. Ijuí: Unijuí, 2004, p. 122.
[237] STEIN, Ernildo. *Aproximações sobre hermenêutica*. 2. ed. Porto Alegre: EDIPUCRS, 2004, p. 42-43.
[238] Ibid., p. 42-43.

Como a estandardização do direito vem consubstanciada em generalizações, abstrações e objetivações,[239] mediante o emprego de conceitos sem coisas, a superação desse fenômeno, indubitavelmente, passa pelo resgate da faticidade, enfim do mundo prático. Trata-se, portanto, de uma tarefa prática que, sem qualquer pretensão de totalidade, somente poderá ser cumprida por uma hermenêutica de cariz filosófico que tem como premissas a pré-compreensão, a tradição, a coerência e integridade do direito, razão pela qual se evidencia, desde logo, o porquê da adoção da hermenêutica filosófica no presente estudo.

A par disso, e para não incidir no equívoco de negar a própria historicidade da hermenêutica filosófica aqui utilizada, importa trazer à baila, desde logo, a advertência percuciente de Lenio Luiz Streck em relação à necessária difusão da origem dessa hermenêutica de cariz filosófico:

> Aliás, há uma tendência – muito peculiar ao pensamento jurídico – de se falar em hermenêutica, círculo hermenêutico, fusão de horizontes, pré-compreensão e alguns outros conceitos filosóficos sem citar, ou, na pior das hipóteses, ignorando completamente, aquele que foi o grande filósofo que introduziu estes conceitos ou, no caso do conceito de hermenêutica e de círculo hermenêutico, renovou seu conteúdo. Este filósofo foi Martin Heidegger. Registre-se que tal lembrança é condição de possibilidade para se falar em Hermenêutica Filosófica (ou troquemos de matriz...!). O próprio Gadamer reconhece que seu projeto filosófico retira da obra Heideggeriana seu elemento mais fundamental: a descoberta da estrutura prévia da compreensão. Ou seja, falar em hermenêutica no contexto atual e não enfrentar a obra de Heidegger é como falar em Metafísica e ignorar Aristóteles, Tomás de Aquino ou Francisco Suarez (ou, no Brasil, falar em Heidegger e em hermenêutica sem citar a vasta obra de Ernildo Stein). Há uma fundamentalidade na obra de Heidegger com respeito ao modo como se trabalha com a hermenêutica, que não pode ser afastada por conveniência ou por outras razões (p. ex., políticas). Quer dizer, "adotar" Gadamer e "esquecer" Heidegger é ignorar – deliberadamente ou não – a construção da matriz teórica que nasce na filosofia hermenêutica e desemboca na hermenêutica filosófica.[240]

Em atenção a essa salutar advertência, e outorgando o devido lugar e importância a cada filósofo que propiciou a construção da teoria

---

[239] Nesse sentido: "[...], no contexto da dogmática jurídica, os fenômenos sociais que chegam ao Judiciário passam a ser analisados como meras abstrações jurídicas, e as pessoas, protagonistas do processo, são transformadas em autor e réu, reclamante e reclamado, e, não raras vezes, 'suplicante e suplicado', expressões estas que, convenhamos, deveriam envergonhar (sobremodo) a todos nós. Mutatis mutandis, isto significa dizer que os conflitos sociais não entram nos fóruns e nos tribunais graças às barreiras criadas pelo discurso (censor) produzido pela dogmática jurídica dominante. Nesse sentido, pode-se dizer que ocorre uma espécie de 'coisificação (objetificação) das relações jurídicas'". STRECK, Lenio Luiz. *Hermenêutica jurídica e (m) crise*: uma exploração hermenêutica da construção do direito. 6. ed. Porto Alegre: Livraria do Advogado, 2005, p. 75.

[240] STRECK, Lenio Luiz. *O que é isto – decido conforme a minha consciência?* Porto Alegre: Livraria do Advogado, 2010, p. 60.

aqui adotada e defendida, conforme será observado nos demais subcapítulos deste trabalho, e tendo-se presente que a superação do atual paradigma, como já dito, perpassa fundamentalmente pelo resgate do mundo prático no direito, enfim o mundo da vida, importa asseverar, com Lenio Luiz Streck, que é justamente a partir do giro ontológico operado por Heidegger que se mostra possível a reconciliação entre teoria e prática,[241] porquanto o referido filósofo descreve um ambiente no interior do qual os conhecimentos práticos e teóricos se relacionam em uma circularidade, trata-se do círculo hermenêutico.

Nesse sentido, necessário aduzir que esse círculo hermenêutico não deve ser concebido como algo de natureza formal, objetivo ou subjetivo, mas como uma metáfora que indica o momento metódico em que se dá o intercâmbio entre o movimento da tradição e o movimento do intérprete, do qual a compreensão surge como um acontecimento a partir da historicidade em que está inscrita.[242] Ainda, de acordo com Gadamer,[243]

> O conceito de círculo hermenêutico significa que no âmbito da compreensão não se pretende deduzir uma coisa de outra, de modo que o erro lógico da circularidade na demonstração não é aqui nenhum defeito de procedimento, mas representa a descrição adequada da estrutura do compreender. [...]. Se considerarmos o verdadeiro alcance do conceito de compreensão no uso da linguagem, veremos que a expressão "círculo hermenêutico" sugere na realidade a estrutura do ser-no-mundo, quer dizer, a superação da divisão entre sujeito e objeto na analítica transcendental da pré-sença levada a cabo por Heidegger.

Sem a pretensão de incorrer na simplificação do que vem a ser a hermenêutica filosófica em toda a sua construção Heidegger – Gadamer, pode-se dizer que o primeiro desenvolveu a hermenêutica no nível ontológico, trabalhando com a ideia de que o horizonte do sentido é dado na compreensão, na medida em que é nela – na compreensão – que se delineia a matriz do método fenomenológico. Dito de outro modo, a compreensão tem uma estrutura em que se antecipa o

---

[241] Conforme observa Ernildo Stein: "Heidegger produziu uma mudança fundamental na filosofia, deslocando o lugar da fundamentação no sujeito e na consciência, para um outro campo, para a ideia de mundo, para a ideia de ser-no-mundo". Ou, ainda, dito de outro modo pelo mesmo filósofo: "A questão heideggeriana representa, como passagem das teorias da consciência, da representação, das teorias do sujeito, para as teorias do mundo prático, para as teorias do modo de ser-no-mundo, [...]".STEIN, Ernildo. *Diferença e metafísica*: ensaios sobre a desconstrução. Porto Alegre: EdiPucrs, 2000, p. 46.

[242] GADAMER, Hans-Georg. *Verdade e método I*: traços fundamentais de uma hermenêutica filosófica. Tradução de Flávio Paulo Meurer, com nova revisão da tradução por Enio Paulo Giachini. 6. ed. Petrópolis: Vozes, 2004, p. 388 *et seq*.

[243] GADAMER, Hans-Georg. *Verdade e método II*. Complementos e índice. Tradução de Enio Paulo Giachini. 5. ed. Petrópolis: Vozes, 2010, p. 382.

sentido.²⁴⁴ Já Gadamer, valendo-se dessa estrutura prévia da compreensão desenvolvida por Heidegger, e explicitando que "*o ser que pode ser compreendido é linguagem*",²⁴⁵ tem justamente na linguagem (giro linguístico) o "sustentáculo de seu projeto hermenêutico",²⁴⁶ de modo que sua hermenêutica é filosófica, e o exsurgir da compreensão dependerá da faticidade e da historicidade do intérprete.²⁴⁷

Portanto, se a tarefa a ser empreendida para a superação do paradigma vigente é prática, não resta dúvida que a hermenêutica aqui professada, de cunho filosófico, mostra-se plausível para o controle da estandardização do direito justamente porque não admite aplicações da lei ou de enunciados assertóricos de forma abstrata.

Nesse sentido, e conforme Lenio Luiz Streck, "[...] não há respostas/interpretações (portanto, aplicações) antes da diferença ontológica ou, dizendo de outro modo, antes da manifestação do caso a ser decidido".²⁴⁸

Atribuir sentidos em abstrato, como é a prática assentada no paradigma vigente, é admitir a cisão entre direito e fato, entre interpretação e aplicação, descurando fatalmente do papel da diferença ontológica, que oportuniza, justamente, o ingresso do mundo prático no direito.

A partir da teoria aqui defendida, a relação sujeito-objeto é substituída pelo círculo hermenêutico, de modo que a hermenêutica não é mais metodológica e meramente reprodutiva, "interpretar é compreender e compreender é aplicar".²⁴⁹ "Compreender e interpretar estão imbricados de modo indissolúvel".²⁵⁰

É importante salientar, por outro lado, que tanto a teoria de Gadamer quanto a teoria de Dworkin, pilares da hermenêutica filosófica aqui utilizada, construída por Lenio Luiz Streck a partir da simbiose

---

²⁴⁴ STRECK, Lenio Luiz. *Hermenêutica jurídica e(m) crise:* uma exploração hermenêutica da construção do direito. 6. ed. Porto Alegre: Livraria do Advogado, 2005, p.177-178.

²⁴⁵ GADAMER, Hans-Georg. *Verdade e método I*: traços fundamentais de uma hermenêutica filosófica. Tradução de Flávio Paulo Meurer, com nova revisão da tradução por Enio Paulo Giachini. 6. ed. Petrópolis: Vozes, 2004, p. 612.

²⁴⁶ STRECK, Lenio Luiz. *Hermenêutica jurídica e (m) crise:* uma exploração hermenêutica da construção do direito. 6. ed. Porto Alegre: Livraria do Advogado, 2005, p. 212.

²⁴⁷ Idem, p. 212.

²⁴⁸ STRECK, Lenio Luiz. *O que é isto – decido conforme a minha consciência?* Porto Alegre: Livraria do Advogado, 2010, p. 64.

²⁴⁹ Ibid., p. 73. Ainda, nesse sentido: "A interpretação não é um ato posterior e ocasionalmente complementar à compreensão. Antes, compreender é sempre interpretar, por conseguinte, a interpretação é a forma explícita da compreensão". GADAMER, Hans-Georg. *Verdade e método I*: traços fundamentais de uma hermenêutica filosófica. Tradução de Flávio Paulo Meurer, com nova revisão da tradução por Enio Paulo Giachini. 6. ed. Petrópolis: Vozes, 2004, p. 406.

²⁵⁰ Ibid., p. 516.

das teorias desses autores, destacam-se, justamente, por reservar à história (historicidade) um papel absolutamente relevante, bem como por outorgar à tarefa interpretativa um significado prático,[251] na medida em que tem como fundamentos a pré-compreensão, a tradição, a integridade e a coerência do direito.

Dessarte, enquanto as teorias argumentativo-discursivas ainda estão assentadas em paradigmas metodológicos e mixagens teóricas, que se encaminham, no mais das vezes, para a filosofia da consciência, a Hermenêutica filosófica superou a metodologia, tal como se observa da ilação de Arthur Kaufmann:[252]

> A hermenêutica não é um método, mas sim uma filosofia transcendental. Ela é filosofia transcendental no sentido de que indica as condições gerais de possibilidade da compreensão do sentido. Enquanto tal, não prescreve nenhum método. Apenas diz, sob que pressupostos, se pode compreender algo no seu sentido. E visto não existir nada inacessível ao espírito interpretante, a hermenêutica tem caráter universal. A compreensão (não é método!) seja da "física", da "religião" ou da "economia" decorre sob as mesmas condições transcendentais que a compreensão do "direito".

Assim, como a hermenêutica filosófica não depende de qualquer metodologia, e superou o esquema sujeito-objeto (que dá lugar ao círculo hermenêutico), bem como as objetividades e subjetividades, trabalhando com a integridade, coerência, tradição e pré-compreensão do direito, ela se mostra absolutamente consentânea com o desiderato do presente estudo e com as necessidades atuais do direito brasileiro, qual seja, o de apontar caminhos e possibilidades para o controle da estandardização do direito e o resgate (salvamento) das súmulas, repercussão geral e recursos repetitivos, daí porque justificada a sua utilização no presente trabalho.

Além disso, há um consenso de que já ocorreu o esgotamento teórico dos modelos positivistas da teoria do direito,[253] razão pela qual se impõe um novo olhar sobre o direito, comprometido também com as especificidades qualitativas da prestação jurisdicional. Porquanto, como assevera Heidegger, e isso, seguramente, é aplicável ao direito, em face da necessidade premente da adoção de um novo paradigma,

---

[251] STRECK, Lenio Luiz. *O que é isto – decido conforme a minha consciência?* Porto Alegre: Livraria do Advogado, 2010, p. 94.

[252] KAUFMANN, Arthur. *Filosofia do direito*. Tradução de António Ulisses Cortês. 3. ed. Lisboa: Fundação Calouste Gulbenkian, 2000, p. 67.

[253] STRECK, Lenio Luiz. *O que é isto – decido conforme a minha consciência?* Porto Alegre: Livraria do Advogado, 2010, p. 91.

que "O nível de uma ciência determina-se pela sua capacidade de sofrer uma crise em seus conceitos fundamentais".[254]

Nessa esteira, a análise das possibilidades da hermenêutica filosófica para o controle da estandardização do direito e o resgate/salvamento das súmulas (comuns e vinculantes), repercussão geral e recursos repetitivos, cujo enfrentamento será realizado a partir do próximo subcapítulo, perpassa, logicamente, pelo papel desvelador da fenomenologia hermenêutica, pela pré-compreensão, tradição, integridade e coerência do direito.

3.2. O ser-aí e ser-no-mundo: o papel desvelador da fenomenologia hermenêutica como condição de possibilidade para a superação do *habitus dogmaticus* que alimenta a justiça estandardizada

"para as coisas elas mesmas!"[255]

Necessário advertir, desde logo, que não há, no presente subcapítulo, a pretensão de analisar em toda a sua extensão e profundidade, até por razões óbvias, a fenomenologia hermenêutica magnificamente trabalhada por Martin Heidegger, mas, sim, de demonstrar o papel desvelador fundamental que ela possibilita para a superação do *habitus dogmaticus* que alimenta a estandardização do direito, mormente a partir da estrutura prévia da compreensão por ele desenvolvida.

Martin Heidegger, ao tratar o tema da analítica da presença, em sua magistral obra *Ser e Tempo*, disse, categoricamente, que "O ente que temos a tarefa de analisar somos nós mesmos".[256] Disse, ainda, em outra oportunidade, que "A pedra é sem mundo, o animal é pobre em mundo e o ser humano é formador do mundo".[257]

A partir dessas ilações proferidas pelo filósofo alemão, há de se suspeitar, com um elevado grau de convicção, inclusive em face do que foi tratado nos capítulos precedentes, especialmente no que se refere ao mito do dado e ao discurso do Outro, que no Brasil a (in)compreensão

---

[254] HEIDEGGER, Martin. *Ser e tempo*. Tradução revisada de Marcia Sá Cavalcante Schuback. 4. ed. Petrópolis: Vozes, 2009, p. 45.

[255] Ibid., p. 66.

[256] Ibid., p. 85.

[257] HEIDEGGER *apud* STEIN, Ernildo. *Exercícios de fenomenologia*: limites de um paradigma. Ijuí: Unijuí, 2004, p. 295.

dos operadores do direito em relação ao seu papel no mundo jurídico repercute diretamente na formação, manutenção e perpetuação do paradigma vigente de uma justiça estandardizada, cujo desiderato principal guarda relação – quase que exclusivamente – com uma justiça de números.

Dito diretamente, e tendo-se em conta ainda essas ilações de Heidegger, acima colacionadas, é chegada a hora de ocorrer para os operadores do direito o desvelamento da sua condição no mundo jurídico. Dessarte, é a partir do necessário reconhecer-se no mundo, não apenas como um espectador, que acede facilmente à doutrina dos Pretórios, mas como "formador do mundo", é que o operador do direito irá alcançar o horizonte para a superação do paradigma atual, cuja inautenticidade é lembrada por Lenio Luiz Streck, ao denunciar que ele é "reprodutivo de si-mesmo".[258] E, conforme Gadamer,[259] ter horizonte é a possibilidade de ver além dele, ou seja, de conseguir (ou mesmo querer) enxergar que o direito não pode ser meramente reprodutivo, mas, antes de tudo, produtivo.

Nesse diapasão, a fenomenologia hermenêutica de Heidegger, cuja palavra de ordem "às coisas em si mesmas",[260] consiste em "o fazer ver a partir de si mesmo o que se manifesta, assim como a partir de si mesmo se manifesta",[261] apresenta-se como condição de possibilidade para a superação do *habitus dogmaticus* da mera reprodução que fomenta a estandardização do direito.

Nesse sentido, o papel da fenomenologia será o de mostrar o ser, assim como em si mesmo se mostra,[262] e isso, faltamente, se dará no mundo, que é a "clareira do ser".[263] Daí a escorreita assertiva de Heidegger de que o ente a ser analisado somos nós mesmos,[264] [265] mormente

---

[258] STRECK, Lenio Luiz. *Hermenêutica jurídica e(m) crise:* uma exploração hermenêutica da construção do direito. 6. ed. Porto Alegre: Livraria do Advogado, 2005, p. 276.

[259] GADAMER, Hans-Georg. *Verdade e método I*: traços fundamentais de uma hermenêutica filosófica. Tradução de Flávio Paulo Meurer, com nova revisão da tradução por Enio Paulo Giachini. 6. ed. Petrópolis: Vozes, 2004, p. 403.

[260] STEIN, Ernildo.*Compreensão e finitude*. Estrutura e movimento da interrogação heideggeriana. Ijuí: Unijuí, 2001, p. 293.

[261] Ibid., p. 203.

[262] Idid., p. 203.

[263] Ibid., p. 210.

[264] Nesse sentido: "O homem já sempre imerge na compreensão do ser. Logo, o sentido do ser se revela na análise das estruturas do próprio homem. Logo, fenomenologia vem ligada à analítica existencial, ao menos em Ser e Tempo". In: STEIN, Ernildo. *Introdução ao pensamento de Martin Heidegger*. Porto Alegre: EDIPUCRS, 2002, p. 54.

[265] Nesse sentido, vale observar, com Ernildo Stein, que "a morte do sujeito e a superação da subjetividade segundo Heidegger não visam à supressão do eu, da consciência de si e da reflexão",

quando se observa que no direito pátrio o operador do direito ignora (ou quer ignorar) a sua condição de ser-no-mundo.

Tal perspectiva de análise empreendida por Heidegger ganha relevância ainda porque reflete a superação da metafísica que não só promovia o escondimento do ser, mas que o confundia com o ente e também não pensava o próprio ser.[266] Ou, ainda: a metafísica pensou sempre o ente, mas deixou de considerar o ser que, justamente, possibilita o ente.[267]

A fenomenologia hermenêutica, portanto, conforme assevera Ernildo Stein, "descreve o ser humano como ser-no-mundo que desde sempre já se compreende a si mesmo no mundo, mas só se compreende a si mesmo no mundo porque já antecipou sempre uma compreensão do ser.[268] Ainda, de acordo com Ernildo Stein,

> A análise do ser-aí como ser-no-mundo deveria mostrar como ele, em sua determinação ontológica, jamais se esgota na pura objetivação. O ser-aí já vem sempre envolto na autenticidade e inautenticidade, na verdade e na não-verdade, no velamento que acompanha todo o desvelamento. Dessa maneira, a fenomenologia não será mais o instrumento de redução de tudo à subjetividade, nem um caminho que deve transformar tudo em "objeto". A fenomenologia heideggeriana mergulhará no seio do velamento e desvelamento em que residem todas as essências. Esse âmbito é o lugar em que se dá a abertura do ser no ser-aí.[269]

Assim, há um "já-sempre-compreendido"[270] em todo processo de compreensão,[271] de modo que o mundo nem ao menos seria acessível ao homem se ele não tivesse uma pré-compreensão dele, sendo ela, portanto, a pré-compreensão, condição de possibilidade para a interpretação.[272]

---

razão pela qual se mostra possível a proposição do mesmo Heidegger de que o ente a ser analisado somos nós mesmos. In: STEIN, 2000, p. 19.

[266] STRECK, Lenio Luiz. *Hermenêutica jurídica e(m) crise*: uma exploração hermenêutica da construção do direito. 6. ed. Porto Alegre: Livraria do Advogado, 2005, p. 123-124.

[267] Ibid., p. 198-199.

[268] STEIN, Ernildo. *Aproximações sobre hermenêutica*. 2. ed. Porto Alegre: EDIPUCRS, 2004, p. 65-66.

[269] STEIN, Ernildo. *Compreensão e finitude*: estrutura e movimento da interrogação heideggeriana. Ijuí: Unijuí, 2001, p. 153.

[270] STRECK, op. cit., p. 310.

[271] Nesse sentido: "Quem compreende não tem uma mente em branco, como uma tábula rasa, e sim, já tem, desde sempre, uma prévia compreensão das coisas e do mundo; já tem (sempre) uma pré-compreensão, algo prévio que vem com o ente, como curador/vigilante do ser. Desde sempre, o sujeito da compreensão já está jogado no mundo, dentro do qual as suas condições de possibilidade estão definidas (e se definem cotidianamente) na e pela linguagem. O sujeito da compreensão recebe o legado da tradição; esse legado é compulsório; não há possibilidade de a ele renunciar". Ibid., p. 206.

[272] Nesse sentido: Ibid., p. 278 e p. 310.

Nesse sentido, mostra-se elucidativa a ilação de Heidegger, adiante colacionada, após analisar um exemplo em que Kant tenta esclarecer o fenômeno da orientação:

> Suponha-se que eu entre num quarto conhecido mas escuro que, durante minha ausência, foi rearrumado de tal maneira que tudo que estava à direita esteja agora à esquerda. Para me orientar, de nada serve o "puro sentimento da diferença" de meus dois lados, enquanto não tiver tocado um determinado objeto, diz Kant, "cuja posição tenho na memória".[273]

Diante disso, Heidegger sentencia: "O que isto significa senão que eu me oriento necessariamente num mundo e a partir de um mundo já 'conhecido'?"[274]

Para Heidegger, em Ser e Tempo, o ser-aí é determinado como ser-no-mundo.[275] Nesse sentido, Ernildo Stein aponta que:

> O mundo pode ser designado o "de onde", o "onde" e o "para onde" do ser-aí. Assim, o ser-no-mundo resume a faticidade, a decaída e a existência do ser-aí. Ou ainda ser-no-mundo é o já-ser-em, o ser-junto-dos-entes e o ser-adiante-de-si-mesmo. Assim, o ser-aí é preocupação enquanto ser-no-mundo, porque a preocupação é unidade das estruturas do ser-aí. Mas, o mundo é, ao mesmo tempo, o "lugar" do passado-presente-futuro: temporalidade.[276]

Portanto, a estrutura fundamental do ser-aí é o ser-no-mundo. Somente o homem é um ser-no-mundo, de modo que ele não se soma aos demais entes no mundo (pedra, flor, pássaro, etc.), tampouco está fora do mundo, porquanto se relaciona com ele e com as coisas nele existentes. Nesse sentido, vale observar que, em face da viragem linguística-ontológica, o homem não se relaciona diretamente com os objetos/coisas, mas com a linguagem, que é a condição de possibilidade desse relacionamento.[277] Em uma palavra, é pela linguagem que o ho-

---

[273] HEIDEGGER, Martin. *Ser e tempo*. Tradução revisada de Marcia Sá Cavalcante Schuback. 4. ed. Petrópolis: Vozes, 2009, p. 163-164.

[274] Ibid., p. 164.

[275] STEIN, Ernildo. *Compreensão e finitude*: estrutura e movimento da interrogação heideggeriana. Ijuí: Unijuí, 2001, p. 265.

[276] Ibid., p. 265.

[277] A partir da viragem linguística-ontológica, conforme Lenio Luiz Streck, "[...] a linguagem passa a ser entendida não mais como terceira coisa que se coloca entre o (ou um) sujeito e (ou um) objeto e, sim, como condição de possibilidade. A linguagem é o que está dado e, portanto, não pode ser produto de um sujeito solipsista (selbstsüchtiger), que constrói o seu próprio objeto de conhecimento". STRECK, Lenio Luiz. *O que é isto – decido conforme a minha consciência?* Porto Alegre: Livraria do Advogado, 2010, p. 17. Ainda, do mesmo autor: "A linguagem, então, é totalidade; é abertura para o mundo; é, enfim, condição de possibilidade, é constituinte e constituidora do saber, e, portanto, do nosso modo-de-ser-no-mundo, que implica as condições de possibilidades que temos para compreender e agir. Isto porque é pela linguagem e somente por ela que podemos ter mundo e chegar a esse mundo. Sem linguagem não há mundo, enquanto mundo. Não há coisa alguma onde falta a palavra. Somente quando se encontra a palavra para a coisa é que a coisa é

mem, que só é homem na medida em que é ser-no-mundo,[278] tem acesso ao mundo e aos seus objetos.[279]

Dessarte, se "o mensageiro já vem com a mensagem",[280] ou seja, de que o homem compreende a si mesmo porque já antecipou uma compreensão do ser,[281] é de todo inadmissível que os operadores do direito e a dogmática jurídica, ignorando as suas próprias pré-compreensões e descurando da historicidade e da tradição do direito, e, ainda, das próprias possibilidades oportunizadas pelo Estado Democrático de Direito, posicionem-se "em frente ao mundo",[282] em última análise, apenas para receber o direito pronto produzido pelos Tribunais (mito do dado e discurso do Outro), estes concebidos pelo sentido comum teórico como uma espécie de *fast-food* do saber jurídico.

Em verdade, o operador do direito precisa despertar para a circunstância de que a compreensão faz parte do modo de ser-no-mundo – antecipa qualquer explicação lógico-semântica (como apofântico) –, porque "o compreender já sempre é fato, é vida",[283] (como hermenêutico) daí a necessidade de refutar e abandonar categoricamente o condicionamento discursivo professado pela dogmática jurídica e que pretende aprisionar o mundo da vida. Dito de outro modo, e com Lenio Luiz Streck, é preciso estabelecer uma clareira no Direito,

---

uma coisa". STRECK, Lenio Luiz. *Hermenêutica jurídica e(m) crise:* uma exploração hermenêutica da construção do direito. 6. ed. Porto Alegre: Livraria do Advogado, 2005, p. 196.

[278] STEIN, Ernildo. *Introdução ao pensamento de Martin Heidegger*. Porto Alegre: EDIPUCRS, 2002, p. 66.

[279] STRECK, Lenio Luiz. *Hermenêutica jurídica e(m) crise:* uma exploração hermenêutica da construção do direito. 6. ed. Porto Alegre: Livraria do Advogado, 2005, p. 195.

[280] HEIDEGGER, Martin. *Ser e tempo*. Tradução revisada de Marcia Sá Cavalcante Schuback, 4. ed. Petrópolis: Vozes, 2009, passim.

[281] Conforme Stein, "Há uma circularidade. Quer dizer, o compreender-se a si mesmo seria o universo apofântico. E o compreender do ser seria o universo hermenêutico. Eu não compreendo a mim no discurso lógico-semântico se eu não tiver a compreensão do ser no universo hermenêutico". STEIN, Ernildo. *Aproximações sobre hermenêutica*. 2. ed. Porto Alegre: EDIPUCRS, 2004, p. 62.

[282] Nesse sentido, adverte Streck: "Predominantemente, ainda vigora na dogmática jurídica o paradigma epistemológico que tem como escopo o esquema sujeito-objeto, no qual um sujeito observador está situado em frente a um mundo, mundo este por ele 'objetivável e descritível', a partir de seu cogito. Acredita-se, pois, na possibilidade da existência de um sujeito cognoscente, que estabelece, de forma objetivante, condições de interpretação e aplicação. O jurista, de certo modo, percorre a antiga estrada do historicismo. Não se considera já e sempre no mundo, mas, sim, considera-se como estando-em-frente-a-esse-mundo, o qual ele pode conhecer, utilizando-se do 'instrumento' (terceira coisa) que é a linguagem jurídica ...". STRECK, Lenio Luiz. *Hermenêutica jurídica e (m) crise:* uma exploração hermenêutica da construção do direito. 6. ed. Porto Alegre: Livraria do Advogado, 2005, p. 96-97.

[283] STEIN, Ernildo. *Introdução ao pensamento de Martin Heidegger*. Porto Alegre: EDIPUCRS, 2002, p. 49.

"des-ocultando" novos caminhos, bem como "des-cobrir" as sendas de há muito encobertas pelo sentido comum teórico dos juristas.[284]

Nesse contexto, faz-se necessário o desvelar ao operador do direito daquilo que se encontra velado, ou seja, de que o mundo não é algo simplesmente dado, ou, ainda, à mão do sujeito.[285] Ao contrário, como asseverou Heidegger: "O 'mundo' é, ao mesmo tempo, solo e palco, pertencendo, como tal, à ação e à transformação cotidianas".[286]

Dessarte, o operador do direito precisa ter presente (dar-se conta) que a sua relação com o mundo jurídico é instaurada a partir de uma compreensão prévia que ele tem do direito, assim como tem da própria vida, permeada pela possibilidade sempre existente de transformação desse mundo de forma produtiva, e não reprodutiva (daquilo que lhe dizem, ou querem dizer, que é o direito).

O desvelar possibilitado pela fenomenologia heideggeriana significa para o operador do direito não só estar-no-mundo, mas, sobretudo, também com ele se relacionar, não através de um outro ente, como comumente tem ocorrido em face do mito do dado e do discurso do Outro, mas a partir de si mesmo como ser-no-mundo, sofrendo, por isso, as consequências das suas ações e omissões.

O operador do direito, mormente em um estado democrático de direito, tal como o assentado há décadas no Brasil, não pode se resignar com a assunção pelo Poder Judiciário da tarefa de "criação" do direito, ficando para ele a mera reprodução dos significantes emanados dos pretórios, porquanto esse Poder, como se sabe, não está legitimado constitucionalmente a fazer às vezes do Poder Legislativo, ou seja, de substituir a legislação democraticamente elaborada.

Nesse sentido, somente com a participação efetiva dos operadores do direito, tendo presente a sua condição de ser-no-mundo, "formadores do mundo", é que será possível a superação do *habitus dogmaticus* que alimenta o paradigma da estandardização do direito.

Por isso que esse voltar às coisas mesmas de que fala Heidegger, é um retorno à faticidade, ao homem concreto, real, à existência. É, pois, em última análise, o exercício da própria existência concreta.[287] Desvelado isso ao operador do direito, estará superada para ele a busca pelos

---

[284] STRECK, Lenio Luiz. *Hermenêutica jurídica e(m) crise*: uma exploração hermenêutica da construção do direito. 6. ed. Porto Alegre: Livraria do Advogado, 2005, p. 288.

[285] HEIDEGGER, Martin. *Ser e tempo*. Tradução revisada de Marcia Sá Cavalcante Schuback. 4. ed. Petrópolis: Vozes, 2009, p. 455.

[286] Ibid., p. 480.

[287] STEIN, Ernildo. *Introdução ao pensamento de Martin Heidegger*. Porto Alegre: EDIPUCRS, 2002, p. 56.

discursos de fundamentação prévia professados pela dogmática jurídica como instrumentos para a compreensão do direito. *Mutatis mutandis*, será para o operador do direito aquilo que Heidegger revelou ao jogar a faticidade num súbito começo, que ela se constitui na pré-compreensão, ou seja, de que para compreender não é necessário apelar ao eu transcendental ou às ciências do espírito.[288]

Dito isso, é preciso lembrar que essa pré-compreensão de que fala Heidegger, – e que permite, uma vez ocorrido o desvelamento para o operador do direito da sua condição no mundo, resgatá-lo da situação de mero reprodutor do direito concebido pelo Outro –, evidentemente que não se dá solta, a partir das simples vivências do operador do direito, mas, sim, com e a partir da história, pois, vale lembrar, mais uma vez com Gadamer, que "Na verdade, não é a história que nos pertence mas somos nós que pertencemos a ela".[289]

Nesse sentido, Heidegger explicita que "O Acontecer da história é o acontecer do ser-no-mundo".[290] A par disso, quem interpreta é sempre um sujeito histórico concreto, mergulhado na tradição, como bem lembra Lenio Luiz Streck.[291] Dito diretamente, o intérprete não dispõe da história.

Ainda, nessa esteira, e como refere Stein, "somos limitados por uma história que está atrás de nós".[292] A compreensão que tem o operador do direito sempre será limitada, porque o homem não consegue

---

[288] Nesse sentido, Gadamer destaca que: "É somente a partir de um conceito dogmático de ser que pensa o ser como pura presença – e essa presença para uma 'consciência' – que a finitude e a historicidade de nosso ser-aí se mostra como uma mera falta, que não consegue subsistir ante o ser verdadeiro, o eterno, o ser atemporal em si mesmo e para si mesmo. Assim, sob o domínio desse conceito grego de ser, no momento em que se tornam conscientes enquanto tais como 'consciência histórica', a limitação e a condicionalidade de nosso poder-saber se mostram como a ameaça mortal do relativismo. Esse tornou-se o pensamento diretriz de Ser e tempo: iluminar a estrutura 'hermenêutica' do ser-aí, isto é, não dar simplesmente prosseguimento à hermenêutica do 'espírito' e de suas criações que denominamos 'cultura', mas empreender uma 'hermenêutica da facticidade'. Segundo a coisa mesma, isso apontava para o fato de a constituição ontológica do ser-aí não se comsumar na 'autoconsciência', mas se compreender como ser finito com vistas ao seu ser-no-mundo, assim como para o fato de a renovação da questão diretriz da metafísica a partir daí significar: o Logos não pode mais ser pensado como tornar aquilo que está presente manifesto, o 'ser' não mais como algo supremo ou inferior presente e como algo presente em si mesmo". In: GADAMER, Hans-Georg. *Hermenêutica em retrospectiva*. Tradução de Marco Antônio Casanova. Petrópolis: Vozes, 2009, p. 117.

[289] GADAMER, Hans-Georg. *Verdade e método I*: traços fundamentais de uma hermenêutica filosófica. Tradução de Flávio Paulo Meurer, com nova revisão da tradução por Enio Paulo Giachini. 6. ed. Petrópolis: Vozes, 2004, p. 367-368.

[290] HEIDEGGER, Martin. *Ser e tempo*. Tradução revisada de Marcia Sá Cavalcante Schuback, 4. ed. Petrópolis: Vozes, 2009, p. 481.

[291] STRECK, Lenio Luiz. *Hermenêutica jurídica e(m) crise*: uma exploração hermenêutica da construção do direito. 6. ed. Porto Alegre: Livraria do Advogado, 2005, p. 267.

[292] STEIN, Ernildo. *Aproximações sobre hermenêutica*. 2. ed. Porto Alegre: EDIPUCRS, 2004, p. 68.

dar conta do passado e do futuro, na medida em que sempre chega tarde, pois não existe a possibilidade de dominar de modo legítimo a história, ou, ainda, de recuperar tudo.[293]

Ademais, é preciso dizer, com Gadamer, que a antecipação de sentido que guia a compreensão não é um ato de subjetividade, pois se determina a partir da comunhão que une o homem com a tradição. Dito de outro modo, a compreensão é um jogo no qual ocorre um intercâmbio entre o movimento da tradição e o movimento do intérprete.[294]

De tal modo, esse "dar-se conta" que deve ocorrer para o operador do direito – desvelar o que está velado – de que ele não precisa guiar-se pela orientação do que lhe é dito pelo Outro, seja pela cultura "manualesca" ou pela catequização dos Pretórios, guarda relação, de modo inarredável, com a própria compreensão da vida e de suas possibilidades. Nesse sentido, e conforme explicita Gadamer:

> O modo como experimentamos uns aos outros, como experimentamos as tradições históricas, as ocorrências naturais de nossa existência e de nosso mundo, é isso que forma um universo verdadeiramente hermenêutico. Nele não estamos encerrados como entre barreiras instransponíveis; ao contrário, estamos sempre abertos para o mundo.[295]

Portanto, a questão a ser lançada, diante das condições do desvelar ofertado pela fenomenologia hermenêutica, é o que pretende para si o operador do direito: ocupar efetivamente o seu lugar no mundo, já que ser-no-mundo, com capacidade de transformar o mundo jurídico, na esteira do que asseverou Heidegger, ou simplesmente aceder ao "conforto" do discurso do Outro e do mito do dado, mantendo-se como um ser estático?

Nesse sentido, imaginar que o operador do direito tenha por escopo último, diante do paradigma da justiça estandardizada, apenas o reproduzir do direito hermético produzido pelos Tribunais Superiores, como parece estar assentado na dogmática jurídica e no sentido comum teórico, em face do condicionamento discursivo, é negar a sua própria existência, dado a flagrante ausência da própria compreensão do ser, restando, por conseguinte, em uma última análise, como um mero simulacro, tal como disse Warat.

A par disso, e consoante será empreendido no subcapítulo que segue, impõe-se destacar a necessidade da salvaguarda da pré-compreensão, tradição, coerência e integridade na construção do direito, na

---

[293] STEIN, Ernildo. *Aproximações sobre hermenêutica*. 2. ed. Porto Alegre: EDIPUCRS, 2004, p. 68-69.
[294] GADAMER, op. cit., p. 388.
[295] Ibid., p. 32.

medida em que se apresentam como pilares inarredáveis da hermenêutica filosófica para o controle da estandardização do direito.

3.3. A salvaguarda necessária da pré-compreensão, tradição, coerência e integridade como condição de possibilidade para o controle da estandardização do Direito

Pré-compreensão, tradição, coerência e integridade, pilares da teoria desenvolvida por Lenio Luiz Streck, a partir da simbiose das teorias de Dworkin e Gadamer, não fazem parte do cotidiano da grande maioria dos operadores do direito e da dogmática jurídica, salvo para justificar juízos inautênticos, como o que decorre da aplicação generalizada de precedentes para resolver um sem-número de processos tidos por idênticos (identidade que é naturalmente sempre aferida sob a ótica da tese jurídica em abstrato, porquanto assentado no paradigma vigente a dicotômica separação direito – fato), quando os corifeus e arautos da estandardização do direito reclamam a necessidade de que sejam observadas a coerência e a integridade do direito.

Dito de outro modo, no paradigma atual, de uma justiça estandardizada, os pilares da teoria aqui utilizada são desvirtuados, porquanto tradição, coerência e integridade têm servido de álibi para justificar a implementação de medidas de racionalização e customização da prestação jurisdicional que, em última análise, não estão comprometidas com efetividades qualitativas, mas, tão somente, com a redução do número de processos, enquanto que a pré-compreensão não passa, para o sentido comum teórico, possivelmente, de uma variação do modo de agir voltado para a filosofia da consciência, em que se imagina que cada julgador, a partir de uma postura solipsista, pode adotar um grau zero de sentido para dizer o direito ao caso concreto.

A par disso, afigura-se salutar a advertência de Maurício Ramires de que "O fundamento hermenêutico de uma teoria de precedentes inicia justamente no seu papel de salvaguarda da tradição, da coerência e da integridade do direito, a despeito das tentativas de fragmentação e dos casuísmos".[296]

Dessarte, não obstante essa advertência percuciente de Maurício Ramires, é justamente no âmbito da aplicação dos precedentes que se revela no direito pátrio o *modus operandi* inautêntico em relação aos te-

---

[296] RAMIRES, Maurício. *Crítica à aplicação de precedentes no direito brasileiro*. Porto Alegre: Livraria do Advogado, 2010, p. 95.

oremas da pré-compreensão, da tradição, da coerência e da integridade na construção do direito.

Nesse sentido, a dogmática jurídica e os operadores do direito fazem juízos inautênticos da pré-compreensão, tradição, coerência e integridade, subvertendo o próprio sentido desses teoremas da teoria desenvolvida por Lenio Luiz Streck. Ou seja, por meio de um processo de inversão de sentido – de modo inautêntico –, atendendo a interesses políticos e econômicos, esses pilares da hermenêutica filosófica são transformados em ferramentas/instrumentos para promover e justificar a estandardização do direito.

Portanto, impregnados pelo sentido comum teórico, os operadores do direito e a dogmática jurídica, alienados da sua condição histórica, pretendem fazer direito através dos pré-juízos não suspensos,[297] em que o direito é produzido subjetivamente pelos intérpretes em cada situação ou de modo objetificado/generalizado a partir do que lhes é dito pelos Tribunais (mito do dado e discurso do Outro), não percebendo ou não querendo perceber que submergem no mundo de uma tradição inautêntica.[298]

Em sentido contrário do que asseverou Gadamer,[299] os operadores do direito e a dogmática jurídica têm seu horizonte limitado ao que está mais próximo (a uma espécie de teto hermenêutico de que fala Streck),[300] ou seja, ao mito do dado e ao discurso do Outro, daí porque pré-compreensão, tradição, coerência e integridade no direito servem apenas como elementos (instrumentos) de facilitação da estandardização do direito.

Nesse sentido, importa referir que o fenômeno da estandardização, através do qual a dogmática jurídica pretende a homogeneização

---

[297] Em relação a isso, é preciso atentar para o que diz Gadamer: "Aquele que quer compreender não pode se entregar de antemão ao arbítrio de suas próprias opiniões prévias, ignorando a opinião do texto de maneira mais obstinada e consequente possível – até que este acabe por não poder ser ignorado e derrube a suposta compreensão. Em princípio, quem quer compreender um texto deve estar disposto a deixar que este lhe diga alguma coisa. Por isso, uma consciência formada hermeneuticamente deve, desde o princípio, mostrar-se receptiva à alteridade do texto. Mas essa receptividade não pressupõe nem uma 'neutralidade' com relação à coisa nem tampouco com anulamento de si mesma; implica antes uma destacada apropriação das opiniões prévias e preconceitos pessoais. O que importa é dar-se conta dos próprios pressupostos, a fim de que o próprio texto possa apresentar-se em sua alteridade, podendo assim confrontar sua verdade com as opiniões prévias pessoais". GADAMER, Hans-Georg. *Verdade e método I*: traços fundamentais de uma hermenêutica filosófica. Tradução de Flávio Paulo Meurer, com nova revisão da tradução por Enio Paulo Giachini. 6. ed. Petrópolis: Vozes, 2004, p. 358.

[298] STRECK, Lenio Luiz. *Hermenêutica jurídica e (m) crise*: uma exploração hermenêutica da construção do direito. 6. ed. Porto Alegre: Livraria do Advogado, 2005, p. 275-278.

[299] GADAMER, op. cit., p. 403.

[300] STRECK, op. cit., p. 282.

do direito a partir de discursos de fundamentação prévia consubstanciados em súmulas (comuns e vinculantes), e, agora, mais recentemente, também em topoi de decisões oriundas dos mecanismos da repercussão geral e dos recursos repetitivos, foi paulatinamente alimentado justamente para combater a "liberdade excessiva" que foi concedida/admitida outrora aos julgadores/intérpretes, quando se pretendia libertá-los das "amarras" do "direito autoritário pré-1988",[301] de modo que se chegou agora, com o passar dos anos, a um ecletismo em que o direito pátrio convive, paradoxalmente, com subjetivismos e objetivismos.[302]

Apesar dessa coexistência paradoxal entre subjetivismos e objetivismos na interpretação do direito pátrio, e ainda que profundamente arraigado no modo de operar jurídico a subjetividade nos julgamentos (filosofia da consciência), inolvidável que a objetificação do direito ganha cada vez mais força, na medida em que conta com a assimilação do discurso do Outro e do mito do dado, e, ainda, com a própria incompreensão do operador do direito em relação a sua condição no mundo jurídico (de ser-no-mundo), ficando relegados ou desvirtuados, por conseguinte, a pré-compreensão, tradição, coerência e integridade do direito, mormente por ocasião da aplicação dos precedentes.

Dito isso, há de se ressaltar, por oportuno, o que deflui inclusive do que foi tratado nos itens precedentes, que esse fenômeno da estandardização, pelo qual passa o direito pátrio, e que, como já dito, não leva em consideração de modo autêntico os teoremas da pré-compreensão, da tradição, da coerência e da integridade na construção do direito, não pode ser concebido como algo absolutamente contingente ou mesmo circunstancial, porquanto há todo um discurso fundado em pré-juízos inautênticos, proferidos, abertamente, pela dogmática jurídica, justamente para sustentar esse movimento.

E a inautenticidade desse discurso, através do qual se pretende a coerência e integridade do direito, reside justamente na perspectiva de "dar tratamento igual a situações iguais" somente a partir da tese jurídica, ignorando as questões fáticas, e, por conseguinte, o mundo da vida, o que irá produzir, invariavelmente, a estandardização do direito.

Nesse sentido, é preciso advertir que a igualdade, que irá possibilitar a salvaguarda da integridade e coerência do direito através da aplicação dos precedentes oriundos do mecanismo dos recursos repe-

---

[301] Cf. RAMIRES, Maurício. *Crítica à aplicação de precedentes no direito brasileiro*. Porto Alegre: Livraria do Advogado, 2010, p. 100-101.

[302] STRECK, Lenio Luiz. *O que é isto – decido conforme a minha consciência?* Porto Alegre: Livraria do Advogado, 2010, p. 109-110.

titivos e do instituto da repercussão geral, deve decorrer da similitude jurídica e fática dos casos confrontados, e não apenas da tese jurídica. Pensar de modo diferente, ou seja, de que é possível a coerência e integridade no direito apenas em face da questão jurídica, é acreditar em conceitos sem coisas – espécie de metafísica no (do) direito.

Assim, do mesmo modo que não há possibilidade de se falar em respostas/interpretações antes do caso a ser decidido,[303] coerência e integridade no direito não podem ser o resultado de um artificialismo doutrinário que tem como fundamento a simples confrontação de teses jurídicas em abstrato, em que enunciados assertóricos/precedentes ganham contornos autônomos, como se existissem a partir de si mesmos, independentemente da realidade fática do caso que lhes deu origem que, "por ser caso, tem nome, sobrenome e individualidade".[304] Coerência e integridade, portanto, devem ser produto de uma efetiva realidade, enfim, de uma tradição de fato existente no direito, frise-se, tradição autêntica, pois, como lembra Lenio Luiz Streck, "é impossível o intérprete situar-se fora da tradição".[305]

Daí que a perplexidade desatada pela dogmática jurídica, no sentido de que casos iguais têm sido tratados de forma diferente, somente tem lugar porque o direito pátrio não resolve mais causas, mas apenas teses jurídicas, pois o "caso idêntico" é apenas a questão de direito, ou seja, o que importa é a *ratio decidendi*, que, para a dogmática jurídica dominante, é apenas (ou exclusivamente) a questão de direito. Dito diretamente, é por conta da cirúrgica separação direito – fato que "casos idênticos" têm recebido tratamento diferenciado.

Portanto, o discurso dogmático, a justificar uma pseudo coerência-integridade do direito, é no sentido de que não se mostra mais possível o tratamento diferenciado para casos idênticos, daí que é sustentado pela dogmática jurídica a necessidade da "uniformização" dos entendimentos nessas hipóteses, cujo elemento de conformação será sempre a tese jurídica, desprezando-se, invariavelmente, o caso concreto. A corroborar tal circunstância, basta observar a assertiva quase sempre presente nos textos dos autores dogmáticos de que STF e STJ não devem e não analisam questões fáticas, para eles, uma verdade insofismável, a despeito da existência de um sem-número de julgamentos desses mes-

---

[303] STRECK, Lenio Luiz. *O que é isto – decido conforme a minha consciência?* Porto Alegre: Livraria do Advogado, 2010, p. 64.

[304] STRECK, *Súmulas vinculantes em terrae brasilis: necessitamos de uma teoria para a elaboração de precedentes? Revista Brasileira de Ciências Criminais*, São Paulo, n. 78, p. 287, 2009.

[305] STRECK, Lenio Luiz. *Hermenêutica jurídica e(m) crise:* uma exploração hermenêutica da construção do direito. 6. ed. Porto Alegre: Livraria do Advogado, 2005, p. 216.

mos Tribunais a desmentir tal "verdade", nos quais se observa, por exemplo, que a Súmula n. 7 do STJ nem sempre é aplicada.[306]

A questão, portanto, não pode estar relacionada com a ideia de obrigar os juízes a respeitar os precedentes como forma de promover a coerência e integridade do direito, mas, sim, em fazer direito de verdade, ou seja, rente à realidade da vida, enfim, da concretude, e não a partir do simples confronto de teses jurídicas.

A dogmática jurídica também tem se valido da "principiologia *ad hoc*",[307] de que fala Lenio Luiz Streck, para forçar a coerência e integridade do direito. Nesse sentido, as palavras de ordem professadas pelo sentido comum teórico para justificar a aplicação descontextualizada dos significantes produzidos pelos Tribunais Superiores são, entre outras, a igualdade, legalidade, segurança jurídica e previsibilidade das decisões.

Dessarte, quando a dogmática jurídica não consegue acoplar capas de sentidos às coisas, porque a realidade do caso concreto flagrantemente não permite uma aplicação abrangente do precedente – o que é raro em tempos atuais –, a solução por ela encontrada perpassa pela ponderação de princípios, em que sempre há um de plantão para justificar e permitir a produção de uma integridade inautêntica do direito. Em uma palavra, são eles, os princípios, aos olhos da dogmática jurídica dominante, uma espécie de instrumento otimizador que serve para toda e qualquer circunstância, e muitos operadores do direito, por certo, possuem um repertório deles pronto para servir aos ideais da estandardização do direito e aos julgamentos pautados pela filosofia da consciência.

A contribuir para essa artificialidade da tradição, coerência e integridade do direito produzida pela dogmática jurídica, e como um elemento facilitador para a evolução da estandardização do direito e a desconsideração dos pilares da teoria aqui adotada, está a própria limitação, de um modo geral, dos operadores do direito em relação aos fundamentos da teoria dos precedentes da *common law* e das possibilidades de aplicação de precedentes no direito brasileiro,[308] porquanto oficializado no Brasil um sincretismo improvisado entre os sistemas

---

[306] Nesse sentido, conferir REsp n. 505.697/RS, onde a decisão, justamente a partir dos fatos, enfim, da realidade dos autos, ultrapassando a barreira obstaculizadora da Súmula 7, promoveu redução de honorários manifestamente exagerados.

[307] STRECK, Lenio Luiz. *Verdade e consenso:* constituição, hermenêutica e teorias discursivas. Da possibilidade à necessidade de respostas corretas em direito. 3. ed. Rio de Janeiro: Lumen Juris, 2009, p. 481.

[308] Nesse sentido: RAMIRES, Maurício. *Crítica à aplicação de precedentes no direito brasileiro.* Porto Alegre: Livraria do Advogado, 2010, *passim.*

de direito do *common law* e do *civil law*,[309] numa espécie de "vale tudo" jurisprudencial, em que o sentido comum teórico avaliza qualquer possibilidade de aplicação de "precedentes", não obstante as diferenças entre esses sistemas jurídicos.[310]

Nesse diapasão, são absolutamente elucidativas as ilações de Lenio Luiz Streck, no que diz respeito à diferença entre os sistemas jurídicos do *civil law* e do *common law*:

> É importante registrar que, no sistema romano-germânico, para que haja a utilização de um precedente (e precedente não pode ser apenas decorrente de uma apreciação isolada, sem uma "integridade") como razão de decidir – e é de se revelar que tal utilização deve ocorrer de forma excepcional, já que tal sistema tem a lei como paradigma e núcleo central – tal circunstância deve ocorrer de forma análoga ao modelo da *common Law*: o precedente não vale por si só. Mais: os precedentes não devem ser aplicados de forma dedutivista/subsuntiva, como se fossem uma premissa maior. Ora, fosse assim e os precedentes seriam regras ou princípios; logo, perderiam a sua razão de ser! Para o precedente ser aplicado, deve estar fundado em um contexto, sem a dispensa de profundo exame acerca das peculiaridades do caso que o gerou. Logo, a fundamentação de um princípio através do uso de jurisprudência, em nosso sistema, não dispensa o que é mais caro para a *common Law* – a justificação acerca da similitude do caso que está servindo como *holding*. Aliás, vale advertir que, mesmo na *common Law*, as decisões não são proferidas para que possam servir de precedentes para casos futuros; são, antes, emanadas para solver as disputas no caso concreto e, também por isso, não basta a simples menção do precedente para solucionar a controvérsia. Este deve vir acompanhado da necessária justificação e contextualização no caso concreto.[311]

Dessarte, importa asseverar que a integridade e coerência do direito em Lenio Luiz Streck e Ronald Dworkin, aqui pensadas e adotadas, não guardam qualquer relação com aquilo que é asseverado pela dogmática jurídica dominante, porquanto, no Brasil, integridade e coerência do direito são, em uma palavra, refrões para assegurar a obediência servil das "orientações" fundadas em discursos de fundamentação prévia verbalizados pelos Tribunais Superiores.

Por isso, não se pode perder de vista, como assevera Ronald Dworkin, que

---

[309] RAMIRES, op. cit., 2010, *passim*.

[310] Nesse sentido, e conforme Mauricio Ramires: "[...], a invocação de precedentes, no Brasil, tem seguido uma lógica de aleatoriedade que é estranha a qualquer sistema de *case law* que se conheça, e em especial ao inglês e ao norte-americano. Sequer os rudimentos da teoria dos precedentes, destilada durante séculos nos países que têm essa tradição, são conhecidos por aqui. O resultado é um ecletismo improvisado entre duas tradições diversas, sem que haja uma real interlocução entre elas". Ibid., p. 31.

[311] STRECK, Lenio Luiz. Da interpretação de textos à concretização de direitos: a incindibilidade entre interpretar e aplicar a partir da diferença ontológica (ontologische differentz) entre texto e norma. In: STRECK, Lenio Luiz; CALLEGARI, André Luís; ROCHA, Leonel Severo (Org.). *Constituição, Sistemas Sociais e Hermenêutica:* Programa de Pós-Graduação em Direito da UNISINOS: mestrado e doutorado, 2005, n. 2, Porto Alegre; São Leopoldo, p. 172, 2006.

> [...] qualquer estratégia de argumentação constitucional com pretensões à integridade constitucional total deve buscar respostas que combinem bem com nossas práticas e tradições – que se apóie firmemente em nossa continuidade histórica, bem como no texto da Constituição – para que essas respostas possam, de maneira aceitável, ser consideradas como descrições de nossos compromissos como nação.[312]

Nesse aspecto, não se observa qualquer indicativo de que as práticas desenvolvidas pelos pretórios e julgadores, de um modo geral, mormente a partir da utilização do instituto da repercussão geral e do mecanismo dos recursos repetitivos, sinalizem algum compromisso efetivo com a coerência e integridade do direito, e, por conseguinte, com a tradição no direito pátrio. Há, em verdade, um claro envolvimento com a mera redução quantitativa dos processos, via julgamento massificado, e não com respostas que, na esteira do aduzido por Dworkin, possam refletir "descrições de nossos compromissos como nação".

Dessarte, e conforme explicita Lenio Luiz Streck,

> [...] a interpretação do direito é um ato de "integração", cuja base é o círculo hermenêutico (o todo deve ser entendido pela parte, e a parte só adquire sentido pelo todo), sendo que o sentido hermeneuticamente adequado se obtém das concretas decisões por essa integração coerente na prática jurídica, assumindo especial importância a autoridade da tradição (que não aprisiona, mas funciona como condição de possibilidade).[313]

Nesse mesmo diapasão, a partir de Lenio Luiz Streck e Gadamer, pode-se dizer que a pré-compreensão, em ligeira síntese, apresenta-se como condição de possibilidade do homem conhecer sem perder a ligação com o mundo da vida, possibilitando juízos autênticos, dissociados de posturas solipsistas que tenham pretensões primordiais-fundantes ou objetificações que resultam no congelamento do sentido do direito. Por outro lado, o respeito à tradição é a forma de garantir a própria integridade do direito, sendo ela o "lugar de inserção do homem no mundo".[314]

Nesse sentido, para a efetiva salvaguarda da pré-compreensão, tradição, coerência e integridade no direito, faz-se necessária a formação de uma cultura jurídica onde o intérprete reconheça a sua condição de ser-no-mundo, ciente de que cada interpretação deve estar necessariamente inserida no mundo histórico.

---

[312] DWORKIN, Ronald. *A justiça de toga.* Tradução de Jefferson Luiz Camargo. São Paulo: Martins Fontes, 2010. p. 174-175.

[313] STRECK, Lenio Luiz. Hermenêutica e decisão jurídica: questões epistemológicas. In: STEIN, Ernildo; STRECK, Lenio Luiz (Org.). *Hermenêutica e epistemologia:* 50 anos de verdade e método. Porto Alegre: Livraria do Advogado, 2011, p. 170.

[314] RAMIRES, Maurício. *Crítica à aplicação de precedentes no direito brasileiro.* Porto Alegre: Livraria do Advogado, 2010, p. 78.

De tal sorte, coerência e integridade no direito pátrio devem ter como pressuposto fundamental o reconhecimento do legado da tradição[315] pelos operadores do direito e pela dogmática jurídica. É preciso lembrar, como assevera Gadamer, que "só fazemos história na medida em que nós mesmos somos 'históricos'".[316]

A salvaguarda da pré-compeensão está relacionada, em suma, com o abandono de subjetivismos e objetivismos, de aceitar que o homem sempre interpreta, e de que nunca será o primeiro ou último a interpretar,[317] reconhecendo sempre a distância temporal como uma possibilidade positiva e produtiva do compreender.[318] [319]

Já a salvaguarda da tradição, coerência e integridade do direito devem ter como pressuposto o que Ronald Dworkin asseverou para ilustrar a sua tese acerca da integridade, ou seja, como um romance em cadeia, onde cada julgador é o escritor responsável pela produção de um capítulo de um livro em construção, tarefa que deve ser empreendida com absoluta responsabilidade e seriedade, porque todos pretendem criar um romance único e coeso, o melhor possível.[320] Ainda, nesse sentido, conforme assevera Dworkin:

> O direito como integridade pede que os juízes admitam, na medida do possível, que o direito é estruturado por um conjunto coerente de princípios sobre a justiça, a equidade e o devido processo legal adjetivo, e pede-lhes que os apliquem nos novos casos que se lhes apresentem, de tal modo que a situação de cada pessoa seja justa e equitativa segundo as mesmas normas. Esse estilo de deliberação judicial respeita a ambição que a integridade assume, a ambição de ser uma comunidade de princípios.[321]

Logo, a tradição do direito, que irá consequentemente possibilitar a coerência e integridade, deve decorrer de uma sucessão de casos concretos, e não de pautas gerais, ou, ainda, da mera discussão de teses

---

[315] Nesse sentido: "Compreender uma tradição requer, sem dúvida, um horizonte histórico". GADAMER, Hans-Georg. *Verdade e método I*: traços fundamentais de uma hermenêutica filosófica. Tradução de Flávio Paulo Meurer, com nova revisão da tradução por Enio Paulo Giachini. 6. ed. Petrópolis: Vozes, 2004, p. 403.

[316] Ibid., p. 350.

[317] Ibid., p. 487.

[318] Ibid., p. 393.

[319] Nesse sentido, vale observar a ilação de François Ost: "De facto, como também sublinha Rochlitz, nunca nos encontramos radicalmente no exterior de toda a tradição. Isso verifica-se mesmo no domínio da investigação científica onde nos apoiamos tanto nas descobertas como nos erros de nossos antecessores. 'Não temos outra opção', explica Popper, senão 'manter-nos sobre os ombros dos nossos predecessores': se fizéssemos *tabula rasa* dos seus trabalhos, quando morressemos, não estaríamos mais avançados do que Adão e Eva no final da sua vida'". OST, François. *O tempo do direito*. Tradução de Maria Fernanda Oliveira. Lisboa: Instituto Piaget, 1999, p. 157.

[320] Cf. DWORKIN, Ronald. *Império do direito*. Tradução de Luís Carlos Borges. São Paulo: Martins Fontes, 2007, p. 275 *et seq*.

[321] Ibid., p. 291.

jurídicas. Portanto, o caminho é exatamente o inverso do trilhado pela dogmática jurídica, porquanto "... a integridade na aplicação do direito significa reconstrução histórica da cadeia de casos interpretados/julgados (doutrina e jurisprudência)",[322] enfim, de uma efetiva realidade.

Finalmente, é preciso asseverar, inclusive para evitar ilações apressadas, que a hermenêutica filosófica não é contrária a aplicação dos precedentes, ela tem neles, seguramente, as condições de possibilidade da construção da tradição, coerência e integridade no direito pátrio. Isso, entretanto, não pode ser construído artificialmente como vem fazendo a dogmática jurídica, na medida em que é flagrante que há um abismo entre o que ela professa e o que realmente pratica, daí por que a necessidade da salvaguarda dos teoremas da pré-compreensão, tradição, coerência e integridade, pilares da teoria aqui trabalhada, porquanto um juízo autêntico deles irá proporcionar, gradativamente, o controle da estandardização do direito.

Dito isso, passar-se-á à análise das soluções possíveis da hermenêutica filosófica, a partir do "mínimo é" e "grau de objetivação abrangente", para as súmulas, repercussão geral e recursos repetitivos, e, por conseguinte, para o controle da estandardização do direito.

3.4. "Mínimo é" e "grau de objetivação abrangente": soluções possíveis da hermenêutica filosófica para as Súmulas, Repercussão Geral e Recursos Repetitivos e, por consequência, para o controle da estandardização do Direito

Em face do que foi até agora exposto/analisado no presente estudo, em suma, a investigação do constituir da estandardização do direito, as constatações e superações necessárias em face do condicionamento discursivo, a indicação dos motivos da adoção da hermenêutica filosófica e, de um modo geral, dos pressupostos que necessariamente precisam ser observados e salvaguardados para uma mudança efetiva de paradigma, nada mais consentâneo com o desiderato do presente trabalho que a apresentação, ao final, de soluções possíveis, construídas a partir da teoria desenvolvida por Lenio Luiz Streck, fruto da simbiose das teorias de Gadamer e Dworkin, para o controle da estandardização do direito e resgate hermenêutico das súmulas, repercussão geral e recursos repetitivos.

---

[322] STRECK, Lenio Luiz. Súmulas vinculantes em terrae brasilis: necessitamos de uma teoria para a elaboração de precedentes? *Revista Brasileira de Ciências Criminais*, São Paulo, n. 78, p. 304, 2009.

Evidentemente que as soluções doravante preconizadas não podem restar dissociadas daquilo que foi anteriormente explicitado, porquanto, na esteira da teoria aqui adotada, que preza pela coerência e integridade, elas somente poderão oportunizar alguma mudança efetiva com e a partir das demais questões tratadas no presente trabalho. Dito de outro modo, as soluções aventadas a partir do que Lenio Luiz Streck denomina de "mínimo é" e "grau de objetivação abrangente" não poderão ser producentes sem que sejam observadas as demais questões anteriormente arroladas neste trabalho e que fazem parte de um todo, porquanto elas também se apresentam, em maior ou menor grau, como condições de possibilidade para o controle da estandardização do direito e salvamento das súmulas, repercussão geral e recursos repetitivos. Ou, ainda, como já dito: caminhos já percorridos e construções já realizadas para a superação do paradigma vigente.

A par disso, é possível que o cerne da discussão hermenêutica esteja em como alcançar a reposta correta em cada caso (resposta adequada à Constituição), após ter superado no primeiro caso o paradigma da subjetividade, sem cair, doravante, em decisionismos, deduções e subsunções.[323] E esse, inegavelmente, é também um dos principais problemas das súmulas, da repercussão geral e dos recursos repetitivos, porque num segundo momento, ou seja, após, respectivamente, editada a súmula, reconhecida a repercussão geral e selecionado determinado recurso especial como representativo de "fundamento em idêntica questão de direito", os próximos casos, em face da objetificação do direito, são resolvidos pela dogmática jurídica via dedução/subsunção, o que, nessas hipóteses, sempre resulta na estandardização do direito.

Nesse desafio, ou seja, de como não cair em decisionismos, deduções e subsunções, após ter superado no primeiro caso o paradigma da subjetividade, é que a hermenêutica filosófica se apresenta mais consentânea com a exigência do direito pátrio, mormente se comparada com as teorias argumentativas-discursivas, na medida em que trabalha com a integridade e coerência do direito, respeitando a tradição e a pré-compreensão, e, por isso, acaba por superar o esquema metafísico sujeito-objeto, enfim a filosofia da consciência.

Dessarte, se a hermenêutica filosófica não depende de qualquer metodologia, e, como já dito, superou o esquema sujeito-objeto, trabalhando com a integridade, coerência, tradição e pré-compreensão do direito, a partir dela é possível não só lograr (ou ao menos tentar) a

---

[323] STRECK, Lenio Luiz. *Verdade e consenso:* constituição, hermenêutica e teorias discursivas. Da possibilidade à necessidade de respostas corretas em direito. 3. ed. Rio de Janeiro: Lumen Juris, 2009, p. 12.

salvação das súmulas, repercussão geral e recursos repetitivos, mas, ainda, buscar o controle da estandardização do direito.

Não obstante a dificuldade de reversão do paradigma consubstanciado na adoção das súmulas para resolver casos futuros (de forma generalizada, com a desconsideração da especificidade do caso concreto, enfim, partindo de um grau zero de sentido), circunstância cada vez mais assentada na dogmática jurídica, a solução apontada por Lenio Luiz Streck, logo adiante detalhada, poderá ser estendida também aos outros dois institutos em apreço, repercussão geral e recursos repetitivos, porquanto recebem da dogmática jurídica, ao final, o mesmo tratamento que é conferido às súmulas.

Nesse aspecto, e considerando que o fenômeno da objetificação do direito tem promovido o sequestro da realidade/faticidade dos autos, de modo que uma decisão vai sendo aplicada reiteradamente, como um (in)autêntico precedente, sem que ao menos seja conhecido de fato o conteúdo que a ele deu origem, inolvidável que pensar em integridade e coerência no direito brasileiro perpassa fundamentalmente pelo compromisso de investigar aquilo que foi tratado no caso concreto que originou o precedente, condição de possibilidade para a sua aplicação a novos casos.

Evidentemente que sem considerar essa necessidade suprarreferida, a dogmática jurídica tem aumentado, cada vez mais, o grau de abrangência dos discursos de fundamentação prévia – "os precedentes" –, sem qualquer compromisso com a tradição, coerência e integridade do direito, passando a atingir um sem-número de novos casos, promovendo, gradativamente, o escondimento da situação concreta que originou o precedente, transformando-o em algo autônomo, como se as palavras insertas no topoi adquirissem uma autonomia plena, descurando, faltamente, que o precedente, decorrente da edição de uma súmula,[324] repercussão geral ou recurso repetitivo, somente poderá ser compreendido a partir da situação concreta em que foi produzido.

Aliás, é justamente nesse sentido, ou seja, em relação ao escondimento do caso concreto que originou o precedente, que Lenio Luiz Streck adverte de modo percuciente:

> [...] uma súmula, mais do que pretende qualquer outro texto jurídico, traz um "em si" (um mínimo "é") decorrente das inúmeras situações concretas que a ensejaram e que conformarão a compreensão do intérprete. Entretanto, isto que poderia ser um argumento a

---

[324] Importa assinalar, mais uma vez, para evitar eventual ilação equivocada, que o presente trabalho não considera as súmulas como precedente stricto sensu, tal como concebido pela dogmática jurídica. Nesse sentido: STRECK, Lenio Luiz. Súmulas vinculantes em terrae brasilis: necessitamos de uma teoria para a elaboração de precedentes? *Revista Brasileira de Ciências Criminais*, São Paulo, n. 78, 2009, p. 287.

favor da súmula, acaba sendo o seu principal problema: a pré-compreensão decorrente da faticidade das singularidades das situações concretas é eliminada pelo esquema sujeito-objeto a partir da hipostasiação de uma super-norma, que passa a "sobreviver' à revelia das próprias situações concretas que a ensejaram (de qualquer modo, na medida em que as situações concretas também ficaram escondidas nos julgamentos que engendraram o enunciado sumular, a possibilidade de se levar em conta as próximas singularidades diminui sobremodo). A súmula parte, assim, de um grau zero de significação, o que é anti-hermenêutico. Por isso, a soma de várias situações de "grau zero" redundarão no estado de natureza hermenêutico.[325]

A despeito dessa constatação e advertência escorreitas, há de se acreditar no controle da estandardização do direito e no resgate/salvação das súmulas, repercussão geral e recursos repetitivos, condição de possibilidade que decorre justamente da teoria construída por Lenio Luiz Streck,[326] a partir do que ele denomina de: "mínimo é" e "grau de objetivação abrangente".[327]

Muito embora as súmulas e os mecanismos da repercussão geral e recursos repetitivos tenham sido transformados, paulatinamente, pela dogmática jurídica, em atenção a interesses políticos e econômicos, em instrumentos de estandardização do direito e bloqueio de acesso à justiça, conforme constatado nos capítulos 1 e 2, ninguém irá duvidar que esses mecanismos, se utilizados adequadamente – de modo autêntico –, configuram-se como importantes aliados para a construção da integridade e coerência do direito, pois, como já disse Lenio Luiz Streck, e o que nunca é demais repetir, não são eles um mal em si, razão pela qual mereceriam (merecem) melhor atenção e tratamento por parte da dogmática jurídica e dos operadores do direito.

E o presente trabalho tem por escopo, justamente, demonstrar isso, ou seja, que esses instrumentos que restaram como meros mecanismos de estandardização do direito e bloqueio de acesso à justiça, em face do uso (in)devido pela dogmática jurídica, poderão servir a propósitos mais nobres para o direito, tal como o resgate/preservação da função

---

[325] STRECK, Lenio Luiz. *Verdade e consenso:* constituição, hermenêutica e teorias discursivas. Da possibilidade à necessidade de respostas corretas em direito. 3. ed. Rio de Janeiro: Lumen Juris, 2009, p. 345.

[326] Lenio Streck desenvolveu uma teoria a partir da simbiose entre as teorias de Gadamer e Dworkin, fundada na integridade e coerência do direito, na tradição e na pré-compreensão, com o acréscimo de que a resposta não é nem a única e nem a melhor, mas a resposta adequada à Constituição, tendo superado, a partir dela, o esquema metafísico sujeito-objeto e a filosofia da consciência em que deságuam as teorias argumentativas-discursivas. Apesar disso, esse jurista não desconsidera a importância das demais teorias, porquanto, como ele próprio refere, todas elas, de uma ou de outra forma, demonstraram preocupação em buscar respostas ao problema da crise paradigmática que atravessa o direito, assim como em relação aos direitos fundamentais. Ibid., p. 13-15 e p. 573.

[327] Ibid., p. 318 *et seq.*

das Cortes Superiores e a construção de uma tradição autêntica no direito pátrio, a partir de um olhar hermenêutico de cariz filósofico.

Nesse sentido, é preciso reprisar que a teoria aqui trabalhada se encontra indissociavelmente atrelada aos pressupostos da pré-compreensão, tradição, coerência e integridade do direito, razão pela qual advoga que o intérprete, por ocasião da aplicação de um precedente, deve identificar, obrigatoriamente, o que foi decidido no caso concreto que a ele deu origem. Dito diretamente, o resgate hermenêutico das súmulas, repercussão geral e recursos repetitivos, a partir da aplicação do "mínimo é" e "grau de objetivação abrangente", somente poderá funcionar a partir de uma tradição autêntica, construída com fundamento em uma cadeia de casos concretos, pois, do contrário, irá produzir, ao final, as mesmas generalizações e abstrações que são promovidas pela dogmática jurídica através da utilização de discursos de fundamentação prévia.

Dito isso, e passando-se à análise da teoria aqui sustentada, impende asseverar que em cada súmula ou decisão onde foi reconhecida a repercussão geral e também a existência de um recurso repetitivo existe um "mínimo é" que cada futura aplicação terá de desvendar, como se fosse o "DNA" decorrente das inúmeras situações concretas que deram ensejo e conformaram a pré-compreensão do intérprete nos primeiros casos.[328] Dito de outra forma, esse "mínimo é" representa a especificidade que irá diferenciar o caso em liça (ou não) da cadeia de julgamentos proferidos pelo Tribunal,[329] e que deu origem à súmula, repercussão geral e recurso repetitivo.

Dessarte, é esse "mínimo é" que irá assegurar a coerência e a integridade do direito[330] e permitir um "grau de objetivação abrangente" que proporcionará não só o salvamento dos referidos institutos, mas o controle da estandardização do direito.

De acordo com Lenio Luiz Streck, criador dessa possibilidade de controle (ou quiçá de superação) da estandardização do direito, e, ainda, da possibilidade de salvamento dos institutos em apreço:

---

[328] STRECK, Lenio Luiz. *Verdade e consenso*: constituição, hermenêutica e teorias discursivas. Da possibilidade à necessidade de respostas corretas em direito. 3. ed. Rio de Janeiro: Lumen Juris, 2009, p. 345 e p. 353.

[329] Ibid., p. 320

[330] "[...] uma aplicação integrativa e coerente do direito não deve, necessariamente, levar em conta o modo pelo qual um determinado tribunal ou como os outros tribunais do país vêm decidindo determinada matéria. A coerência assegura a igualdade, isto é, que os diversos casos terão a igual consideração por parte dos juízes. [...]. Já a integridade significa rechaçar a tentação da arbitrariedade, que, no mais da vezes, é variante da discricionariedade". Ibid., p. 319-320.

Para uma melhor compreensão do problema, há que se ter presente que um precedente (súmula ou acórdão que exprima a posição majoritária) é (também) um texto, ao qual deve ser atribuído um sentido, a partir do caso concreto sob análise. [...]. É a especificidade que o diferencia (ou não) da cadeia decisional que vem sendo seguida pelo Tribunal. Consequentemente, haverá sempre um grau de generalização a ser extraído do núcleo da decisão, que fará a ligação hermenêutica (compromissos discursivos) com os casos posteriores que serão analisados em sua individualidade.[331]

E esse "grau de objetivação abrangente", que possibilitará a aplicação das súmulas, repercussão geral e recursos repetitivos aos novos casos – sem o sacrifício do caso concreto, do desvirtuamento do precedente e perpetuação da estandardização do direito –, evidentemente que não poderá ser arbitrário, porquanto terá de observar a integridade e coerência do direito, enfim, de uma tradição autêntica, assegurada, sempre, pela fundamentação adequada.

Aliás, a fundamentação adequada, que deve ser concebida como um dever fundamental dos juízes e tribunais,[332] a partir da análise efetiva da causa e não apenas das questões jurídicas, ou, ainda, da mera sobreposição e colagem de ementas e significantes, se apresenta como condição de possibilidade para o resgate hermenêutico das súmulas, repercussão geral e recursos repetitivos, porquanto desvela aquilo que foi debatido e decidido no caso concreto (coisa mesma).

O objetivo da teoria em análise, portanto, é justamente o de combater esse proceder inautêntico da dogmática jurídica e dos operadores do direito que promove e facilita a estandardização do direito, e, ainda, desvirtua as súmulas e os mecanismos da repercussão geral e recursos repetitivos.

Nesse sentido, e a denunciar e desvelar esse proceder inautêntico, vale observar o que é explicitado por Lenio Streck ao tratar do "grau de objetivação abrangente":

> [...] o nível de generalização não pode ser transformado em uma categoria ou uma premissa, que, metafisicamente, pretenda "abranger" a "substância" dos casos jurídicos, em um retorno à metafísica clássica, obnubilando a manifestação hermenêutica da especificidade do caso concreto que efetivamente molda o direito em discussão. É o caso da súmula vinculante, na qual estaria "condensada a substância" (essência) de cada "coisa" jurídica, como se as súmulas (um enunciado, pauta geral, etc.) fossem "juízos assertórios" e uma "proposição pudesse mostrar seu sentido.[333]

---

[331] STRECK, Lenio Luiz. *Verdade e consenso*: constituição, hermenêutica e teorias discursivas. Da possibilidade à necessidade de respostas corretas em direito. 3. ed. Rio de Janeiro: Lumen Juris, 2009, p. 320.

[332] STRECK, Lenio Luiz. *O que é isto – decido conforme a minha consciência?* Porto Alegre: Livraria do Advogado, 2010, p. 96-97.

[333] STRECK, *Verdade e consenso*, op. cit., p. 321.

Por isso, é preciso aduzir que esse "mínimo é", que irá possibilitar o "grau de objetivação abrangente", não se consubstancia exclusivamente em uma questão de direito, abstraída, portanto, da questão de fato, tal como faz a dogmática jurídica ao sustentar a aplicação incondicional dos precedentes a uma infinidade de novos casos, mas, sim, no mundo da vida, enfim, na realidade fática, porquanto a teoria aqui professada, de cunho filosófico, tem compromisso inarredável com o resgate da faticidade.

Assim, enquanto a dogmática jurídica promove a abrangência de um precedente a partir de discursos de fundamentação prévia que, em grande parte, não encontram qualquer correspondência com o caso em liça, a proposição da teoria aqui defendida é de que esse "mínimo é" deve ser desvelado justamente da especificidade do caso concreto que deu origem ao precedente, fazendo a partir dele a ligação hermenêutica com o caso a ser julgado e, se identificado também nele esse "mínimo é", possibilitar o "grau de objetivação abrangente" que irá propiciar a construção de uma tradição (autêntica) do direito.

Portanto, esse "mínimo é" diz respeito, fundamentalmente, à singularidade/especificidade do caso concreto que irá servir de precedente e também do caso posto em julgamento, sendo, por isso, ao mesmo tempo, a (condição de) possibilidade e o limite para o grau de abrangência.

Por outro lado, esse "mínimo é" não pode se concebido como uma essência ou "extrato metafísico" do precedente,[334] caindo na generalização inconsequente, mas como um compromisso com o que foi efetivamente julgado, de modo a permitir uma ligação hermenêutica autêntica com o caso em julgamento, associado às coisas mesmas, enfim, ao mundo prático.

Nessa esteira, enquanto que a dogmática jurídica dominante considera a *ratio decidendi* como uma questão exclusivamente de direito, abstraída da questão de fato, e esse, seguramente, é um dos pilares do déficit hermenêutico em relação às súmulas, repercussão geral e recursos repetitivos, a teoria aqui adotada sempre irá levar em conta uma tradição autêntica do direito para a aplicação/construção de um precedente. Para ela, direito e fato são inseparáveis, daí a impossibilidade de que esse "mínimo é" venha a permitir generalizações e abstrações, porquanto ele representa a faticidade do caso que deu origem à súmula, ou da decisão em que ficou reconhecida a existência da repercussão geral ou recurso repetitivo.

---

[334] Cf. nesse sentido, a advertência de Maurício Ramires. RAMIRES, Maurício. *Crítica à aplicação de precedentes no direito brasileiro*. Porto Alegre: Livraria do Advogado, 2010, p. 137 *et seq.*

Há de se observar, nesse sentido, que o problema não está em aplicar precedentes no direito pátrio, longe disso, mas, indubitavelmente, no modo inautêntico com que a dogmática jurídica tem feito isso, ou seja, de forma descontextualizada do caso concreto e com pretensões de universalidade, de modo a abarcar todas as hipóteses possíveis.

Nesse sentido, ou seja, em relação à aplicação dos precedentes, importa observar o que segue:

> Para o precedente ser aplicado, deve estar fundado em um contexto, sem dispensa de profundo exame acerca das peculiaridades do caso que o gerou. [...]. Aliás, vale advertir que, mesmo na *common law*, as decisões não são proferidas para que possam servir de precedentes para casos futuros; são, antes, emanadas para solver as disputas no caso concreto e, também por isso, não basta a simples menção do precedente para solucionar a controvérsia. Este deve vir acompanhado de necessária justificação e contextualização no caso concreto.[335]

A diferença está, fundamentalmente, em aceitar ou não a separação direito e fato. Ou seja, por aceitar a separação direito – fato, a dogmática jurídica entende que o precedente decorre exclusivamente da questão de direito (tese jurídica), ignorando, por conseguinte, a questão fática, hipótese que implicará, fatalmente, na abstração e generalização quando da aplicação de um "precedente", porquanto assenta conceitos sem coisas. Já a teoria aqui utilizada, por não admitir a cisão entre questão de fato e a questão de direito, na medida em que não trabalha com situações ideais, ao conceber uma decisão como precedente, acaba por assegurar a coerência e integridade do direito, enfim, uma tradição autêntica, já que se preocupa sempre com a coisa mesma (caso concreto).

É a partir disso que a hermenêutica filosófica oferece as condições de possibilidade para o controle da estandardização do direito e salvamento/resgate das súmulas, repercussão geral e recursos repetitivos, porquanto, em uma palavra, para ela não há conceitos sem coisas, assim como não há precedente e aplicação dele a novos casos sem análise do caso concreto que originou o precedente e o necessário confronto com o caso concreto em julgamento, identificando o que Streck denominou de "mínimo é" e "grau de objetivação abrangente".

É preciso, por isso, que os operadores do direito saiam da "zona de conforto" e passem a questionar a origem dos precedentes aplicados de modo generalizado pela dogmática jurídica, buscando a identifica-

---

[335] STRECK, Lenio Luiz. Da interpretação de textos à concretização de direitos: a incindibilidade entre interpretar e aplicar a partir da diferença ontológica (ontologische differentz) entre texto e norma. In: STRECK, Lenio Luiz; CALLEGARI, André Luís; ROCHA, Leonel Severo (Org.). *Constituição, Sistemas Sociais e Hermenêutica*: Programa de Pós-Graduação em Direito da UNISINOS: mestrado e doutorado, Porto Alegre; São Leopoldo, n. 2, p. 172, 2006.

ção desse "mínimo é", porquanto, como asseverou Heidegger, "Todo questionar é um buscar".[336]

Nesse aspecto, vale observar a oportuna ilação de Ernildo Stein, quando afirma que:

> O homem que interroga não pode prescindir da sua condição de ser-adiante-de-si-mesmo, da sua condição de projeto. É somente assim que o homem pode interrogar, através de uma situação hermenêutica concreta, em que ele antecipa o horizonte a partir de onde tudo compreende.[337]

Tal empreitada, por certo, deve começar pela compreensão de que "o precedente não cabe na súmula",[338] tal como Lenio Luiz Streck tem asseverado, exaustivamente, em várias obras. Da mesma forma, e na esteira do aduzido por Streck, é preciso assimilar que o precedente também não cabe na ementa, até porque as palavras nela condensadas não conseguem representar a efetiva realidade,[339] pelo que se apresenta indispensável – sempre – a leitura do acórdão na íntegra, não só para suplantar a prática comum entre os operadores do direito de apenas indicar a ementa/verbete para a comprovação/justificação do dissídio jurisprudencial, mas, sobretudo, para conhecer o que restou efetivamente decidido.

Nesse sentido, não há como aplicar de modo autêntico a tradição, ou mesmo promover o resgate dela no direito pátrio, sem que seja superado o *habitus dogmaticus* de um saber jurídico e de uma tradição fragmentados, produzidos apenas a partir da leitura de ementas dos acórdãos. E, como bem observa Maurício Ramires,

> O caminho mais curto para o esquecimento do mundo concreto e para o encobrimento dos fatos da vida é a busca de lições jurídicas em meros verbetes ou ementários jurisprudenciais, em vez de acórdãos ou decisões judiciais completas (que ao menos são dotados obrigatoriamente de um relatório do processo, com um resumo do caso decidido).[340]

Nesse diapasão, é preciso lembrar, por oportuno, que a súmula, assim como os topoi em que foi reconhecida a existência da repercussão geral e também um recurso repetitivo, como se afigura consentâneo e óbvio com a teoria aqui expendida, não irão carregar o seu próprio

---

[336] HEIDEGGER, Martin. *Ser e tempo*. Tradução revisada de Marcia Sá Cavalcante Schuback, 4. ed. Petrópolis: Vozes, 2009, p. 40.

[337] STEIN, Ernildo. *Compreensão e finitude:* estrutura e movimento da interrogação heideggeriana. Ijuí: Unijuí, 2001, p. 255.

[338] STRECK, Lenio Luiz. Súmulas vinculantes em terrae brasilis: necessitamos de uma teoria para a elaboração de precedentes? *Revista Brasileira de Ciências Criminais,* São Paulo, n. 78, p. 300, 2009.

[339] Ibid., p. 314.

[340] RAMIRES, Maurício. *Crítica à aplicação de precedentes no direito brasileiro.* Porto Alegre: Livraria do Advogado, 2010, p. 49.

significado (sentido), porquanto este será sempre desvelado pela nova situação concreta,[341] daí por que é preciso atentar para a especificidade desse novo caso apreciado que irá diferenciá-lo, ou não, da cadeia decisional adotada pelo Tribunal,[342] e que impedirá a formação de uma tradição inautêntica no direito.

Pensar de modo diverso, ou seja, de que os textos carregam os seus próprios sentidos, e, ainda, de que é possível o direito conviver com respostas definitivas/imutáveis, a partir de um congelamento de sentidos, promovendo o sequestro da própria temporalidade,[343] tal como tem sido o modo de operar da dogmática jurídica, é, em uma palavra, fomentar a estandardização do direito e desvirtuar instrumentos, tais como as súmulas, repercussão geral e recursos repetitivos, que poderiam ser salutares para a superação da crise do Poder Judiciário.

Por isso, é preciso compreender, na esteira do preconizado por Gadamer,[344] que uma resposta dada pelo Poder Judiciário é (deve ser) sempre proferida ou construída para resolver determinado caso concreto e não outros, muito menos casos futuros.

Dito de outro modo, a prolação de uma resposta (ato de aplicação) não tem outro escopo que não seja o de responder àquilo que foi perguntado no caso concreto. Entretanto, essa resposta, mesmo que proferida em face de determinado caso concreto, depois tido como precedente, poderá servir na construção da coerência e integridade do direito – enquanto pré-compreensão[345] – desde que observado rigorosamente o que está sendo analisado (perguntado) no caso presente e o que foi perguntado e respondido no caso passado, ou seja, qual o "mínimo é" existente entre os casos confrontados a sugerir a aplicação

---

[341] STRECK, op. cit., p. 321.

[342] STRECK, Lenio Luiz. Súmulas vinculantes em terrae brasilis: necessitamos de uma teoria para a elaboração de precedentes? *Revista Brasileira de Ciências Criminais,* São Paulo, n. 78, p. 320, 2009.

[343] Nesse sentido: "O direito fundamental a uma resposta correta (constitucionalmente adequada a Constituição) não implica a elaboração sistêmica de respostas definitivas. Como já referido à saciedade, a hermenêutica filosófica não admite respostas definitivas, porque isso provocaria um congelamento de sentidos. Respostas definitivas pressupõem o sequestro da temporalidade. E a hermenêutica é fundamentalmente dependente da temporalidade. Ou seja, a pretensão a respostas definitivas (ou verdades apodíticas) sequer teria condições de ser garantida". STRECK, Lenio Luiz. Hermenêutica e decisão jurídica: questões epistemológicas. In: STEIN, Ernildo; STRECK, Lenio Luiz (Org.). *Hermenêutica e epistemologia:* 50 anos de verdade e método. Porto Alegre: Livraria do Advogado, 2011, p. 170.

[344] GADAMER, Hans-Georg. *Verdade e método I:* traços fundamentais de uma hermenêutica filosófica. Tradução de Flávio Paulo Meurer, com nova revisão da tradução por Enio Paulo Giachini. 6. ed. Petrópolis: Vozes, 2004, p. 483.

[345] Nesse sentido: "A essência da pergunta é abrir e manter abertas possibilidades". Ibid., p. 396.

de um "grau de objetivação abrangente".[346] Não encontrado esse fio condutor da tradição (autêntica), definitivamente, não há como aplicar o precedente.

Esse, portanto, é o desafio a ser enfrentado para a construção de uma tradição autêntica no direito pátrio, e que, a partir do que foi estabelecido no presente trabalho, pretende não só promover o resgate hermenêutico das súmulas, repercussão geral e recursos repetitivos, dando a esses institutos o seu devido lugar e valor dentro da ordem jurídica, mas, ainda, e, por consequência, controlar a estandardização do direito.

Em uma última palavra, trata-se de um desafio que somente pode alcançar êxito a partir do (des)ocultamento das práticas inautênticas da dogmática jurídica, como pretendeu fazer o presente estudo, guiado pela percuciente observação do criador da teoria aqui professada, no seguinte sentido: "[...], assim como a clareira é condição de possibilidade para tornar visível a floresta (que a cerca), o *habitus dogmaticus*, que cerca e encobre o Direito, somente pode ser tornado visível a partir de um discurso que o des-oculte, que o des-cubra e que o denuncie, mostrando como ele é".[347]

---

[346] STRECK, Lenio Luiz. *Verdade e consenso:* constituição, hermenêutica e teorias discursivas. Da possibilidade à necessidade de respostas corretas em direito. 3. ed. Rio de Janeiro: Lumen Juris, 2009, p. 310.

[347] STRECK, Lenio Luiz. *Jurisdição Constitucional e Hermenêutica.* Uma nova Crítica do direito. 2 ed. Rio de Janeiro: Forense, 2004, p. 285.

Conclusão

Efetividades quantitativas, mesmo que em detrimento das efetividades qualitativas. Essa parece ser a "ordem do dia" para a dogmática jurídica dominante no direito pátrio.

Não obstante a prática discursiva da dogmática jurídica, mormente em face das reformas legislativas processuais já realizadas e as que ainda estão a caminho, seja no sentido de que irá ocorrer doravante uma prestação jurisdicional pautada pela celeridade, previsibilidade e segurança jurídica, tal como veiculado à saciedade nos sites dos Tribunais Superiores, mormente STJ e STF, a realidade da justiça brasileira aponta, cada vez mais, para a consolidação do fenômeno da estandardização do direito, em que os casos passam a ser resolvidos a partir de pautas gerais (significantes/discursos de fundamentação prévia), aplicadas de forma descontextualizada dos casos concretos, enfim, sem efetiva consideração pelas *coisas mesmas*[348] (vida real), do que resulta, invariavelmente, apenas a redução quantitativa das ações e recursos, em flagrante prejuízo das efetividades qualitativas.

Dito diretamente, há uma clara permuta da análise efetiva dos casos concretos em julgamento pela celeridade processual, a partir do mero confronto/aplicação de teses jurídicas em abstrato, uma espécie de atalho para a prestação jurisdicional, como se fosse possível cindir direito e fato, em que a decisão produzida passa longe do caso concreto, enfim, da situação fática. É, em uma palavra, a personificação do paradigma da estandardização do direito.

As causas para ocorrência e desenvolvimento desse fenômeno da estandardização do direito podem ser as mais diversas. Neste trabalho foram apontadas as possibilidades a seguir indicadas, denominadas, respectivamente, como evidências, contingências, sintomas e o desvelar do fenômeno: a (in)efetividade do Estado (Poder Executivo) como agente de realização do Estado do Bem-Estar Social e a assunção pelo

---

[348] HEIDEGGER, Martin. *Ser e tempo*. Tradução revisada de Marcia Sá Cavalcante Schuback. 4. ed. Petrópolis: Vozes, 2009, *passim*.

Poder Judiciário do Papel de garantidor/realizador das promessas incumpridas da modernidade; os influxos (in) indevidos da política e da economia nas decisões judiciais e a crise do Poder Judiciário; o sentido das reformas processuais, o que elas de fato pretendem e o que estão proporcionando; e o precedente como ideal de um mundo jurídico homogeneizado.

Mesmo sendo certo que outras causas podem e devem ter contribuído para esse constituir da estandardização do direito, e, é possível, até em maior grau, afigura-se inarredável que as questões analisadas no presente trabalho (primeiro capítulo), de uma ou de outra forma, encerram temas que denotam evidências, contingências, sintomas e o desvelar desse fenômeno.

Tendo-se em conta essas possibilidades, aqui aventadas, desse constituir da estandardização do direito, inegável o equívoco da dogmática jurídica em acreditar que as modificações legislativas processuais, por si só, possam suprir a ausência de políticas públicas que oportunizem o resgate ou concretização de direitos previstos constitucionalmente, ou, ainda, de que a solução para a crise do Poder Judiciário esteja associada exclusivamente a questões de ordem política ou econômica, numa perspectiva de politização e customização da justiça.

Ademais, as reformas processuais têm se revelado na prática um claro compromisso com uma prestação jurisdicional voltada para a quantificação, e não com o resgate de promessas incumpridas da modernidade/concretização de direitos constitucionais a partir de um acesso efetivo à justiça (formal e material). Nesse aspecto, há uma diferença abissal entre o que é professado pela dogmática jurídica e aquilo que é por ela praticado.

Do mesmo modo, o precedente não pode ser considerado, tal como concebido pela dogmática jurídica, como um "ideal" para a produção de um mundo jurídico homogeneizado, como se todos os casos pudessem ser abarcados por um significante-primordial-fundante,[349] em que os fatos não integram o conjunto/contexto da decisão, mas, apenas, e tão somente, as teses jurídicas, como se fosse possível uma compreensão universal e homogênea da vida e de seus problemas concretos, descurando, nesse sentido, que ela mesma, a vida, não é naturalmente igual, porquanto é regida pela alteridade. Dito de outra forma, não é possível permutar a vida real por situações "quase-ideais" personifica-

---

[349] STRECK, Lenio Luiz. *Verdade e consenso:* constituição, hermenêutica e teorias discursivas. Da possibilidade à necessidade de respostas corretas em direito. 3. ed. Rio de Janeiro: Lumen Juris, 2009, *passim*.

das em significantes/discursos de fundamentação prévia como parece acreditar a dogmática jurídica dominante.

Ao contrário disso, o precedente deve ser alçado à condição de possibilidade para a construção de uma tradição autêntica no direito pátrio, que irá permitir a coerência e integridade nas decisões judiciais, sem as dicotômicas separações entre interpretar e aplicar, entre direito e fato, e, ainda, sem generalizações, abstrações, objetivismos e subjetivismos, tal como se apresenta o modo atual de operar jurídico.

Evidentemente que não se pode negar a necessidade da redução da complexidade representada pela crise do Poder Judiciário (o que é expressamente reconhecido no presente estudo), que vem representada, afora outros fatores aqui trabalhados, do número excessivo de ações e recursos, mas de que isso não pode implicar simplesmente na supressão da qualidade dos julgamentos, como se fosse possível a resolução algébrica dos processos e obnubilar a realidade da vida.

A situação atual da justiça brasileira, mergulhada, quase que por completo, no senso comum teórico que alimenta o paradigma da estandardização do direito, impõe reflexões que desatam constatações e superações que se fazem necessárias em face do condicionamento discursivo decorrente da adoção dos significantes pela dogmática jurídica, tal como empreendido no segundo capítulo deste trabalho.

A par disso, inaceitável que instrumentos salutares para a superação da crise do Poder Judiciário, como as súmulas (comuns) e aqueles concebidos pelas últimas reformas legislativas, ou seja, súmulas vinculantes, repercussão geral e recursos repetitivos, que não são um mal em si,[350] e que poderiam contribuir para a formação de uma tradição, coerência e integridade no direito pátrio, e, ainda, salvaguardar a função constitucional dos Tribunais Superiores, tenham sido transformados ou, ainda, confirmados, paulatinamente, em mecanismos de estandardização do direito e de bloqueio de acesso à justiça.

E os Tribunais Superiores, indubitavelmente, são confessos dessa prática, na medida em que divulgam notícias, como fez o STJ, recentemente, ao explicitar a realização do julgamento de mais de 600 processos em um só dia, mais precisamente, em mutirão realizado em determinado sábado,[351] que convergem para a compreensão de que esses novos mecanismos, assim como as súmulas comuns, passaram a ter como missão precípua a mera redução do número de processos, de

---

[350] STRECK, Lenio Luiz. *Súmulas no direito brasileiro, eficácia, poder e função*: a ilegitimidade constitucional do efeito vinculante. 2. ed. Porto Alegre: Livraria do Advogado, 1998, p. 249.

[351] MUTIRÃO realizado no último sábado, no STJ, resultou no exame de mais de 600 processos. Disponível em: <http://www.stj.gov.br>. Acesso em: 04 dez. 2009.

modo que não se apresentam mais como soluções razoáveis/possíveis para a superação da crise do Poder Judiciário, como se esperava, mas, sim, como instrumentos de estandardização do direito e de bloqueio de acesso à justiça, e que atendem, em última análise, a uma perspectiva meramente política e econômica do Poder Judiciário.

E, ainda, a justificar o atual estado das coisas em relação às súmulas (comuns e vinculantes), repercussão geral e recursos repetitivos, os operadores do direito, impregnados pelo sentido comum teórico, acreditam que as soluções para o excesso de recursos e ações, enfim, para a crise do Poder Judiciário, encontra-se no julgamento coletivo/massificado promovido pelos Tribunais Superiores, que despreza o mundo da vida, a partir da utilização de significantes/discursos de fundamentação prévia.

Com tal perspectiva, os operadores do direito contribuem, e de modo decisivo, para o desvirtuamento dos mecanismos suprarreferidos, que poderiam auxiliar na superação da crise do Poder Judiciário, pois há uma clara conivência com esse modo de operar jurídico que propicia a estandardização do direito. Assim, os operadores do direito acabam por desempenhar papel de protagonistas – em elevado grau – desse ideal que guarda relação com a mera quantificação do direito, na medida em que acedem facilmente ao discurso da dogmática jurídica dominante.

E, no atual estágio democrático, como asseverou Warat, não é possível conceber a existência de supostos possuidores do significado da lei,[352] tal como se apresentam os Tribunais Superiores, mormente STJ e STF, aos olhos da dogmática jurídica e dos operadores do direito. No Brasil, os significantes produzidos por esses Tribunais, consubstanciados em súmulas e topoi de decisões emanadas do reconhecimento da existência da repercussão geral no recurso extraordinário e de matéria repetitiva em recurso especial, têm um componente ideológico de controle social (que pode ser tanto político como econômico), viés flagrante da estandardização do direito, porquanto o direito passa a ser aquilo que é dito por eles, com restrições formais e materiais em relação ao acesso à justiça, suplantando, de certo modo, a legislação produzida democraticamente.

Trata-se de uma forma de condicionar a produção jurídica, em que o direito passa a ter um caráter meramente reprodutivo, diante da "fala/linguagem"[353] autorizada dos Tribunais Superiores, em que não

---

[352] WARAT, Luis Alberto. *A Ciência Jurídica e seus dois maridos*. 2. ed. Santa Cruz do Sul: Edunisc, 2000, p. 136.
[353] BORDIEU, Pierre. *A economia das trocas linguísticas*. São Paulo: USP, 1996, p. 63 e p. 89.

são mais consideradas as questões fáticas, mas apenas as teses jurídicas produzidas/debatidas pelos pretórios, numa espécie de blindagem contra o mundo da vida, e que, lamentavelmente, conta, cada vez mais, com a conivência e simpatia dos julgadores das instâncias inferiores.

O equívoco da recepção e aceitação pela dogmática jurídica e pelos operadores do direito desse controle social exercido pelos Tribunais Superiores está em acreditar em verdades primordiais-fundantes, finais ou absolutas, dissociadas do mundo da vida, ou, ainda, em um grau zero de sentido, descurando que o direito deve ser o produto de uma tradição já existente dentro de um ambiente democrático, ou a ser construída, gradativamente, a partir de juízos autênticos que observem a possibilidade de coerência e integridade nas decisões, onde os operadores do direito devem ocupar papel primordial, ou seja, de produtores do direito.

Para enfrentar esse modo de agir inautêntico, produzido a partir dessa lógica da eficiência e do pragmatismo, é preciso superar o mito do dado como condição de possibilidade para a (re)introdução da faticidade no mundo jurídico.

Tal possibilidade deve vir assentada no reconhecimento da necessidade da desobjetificação do direito personificado em súmulas e topoi produzidos a partir das decisões fundadas na repercussão geral e recursos repetitivos. E isso deve ser promovido a partir da supressão da dicotômica separação direito-fato, pois é dela, ou seja, da mera consideração das teses jurídicas por ocasião dos julgamentos, que tem sido produzido esse direito hermético, em que não são consideradas as circunstâncias fáticas, enfim, a realidade da vida (as coisas mesmas).

Nesse aspecto, não é possível produzir um direito autêntico sem o resgate da faticidade, porquanto é preciso ficar claro que as palavras inseridas nos verbetes/enunciados e acórdãos não carregam em si mesmo o sentido, que deverá ser desvelado a partir da identificação fática e jurídica da causa em análise quando da sua confrontação com o precedente, enfim, quando da apreciação do caso concreto é que se dará o sentido, que é único. Ou seja, os sentidos serão atribuídos a partir da faticidade, e não de forma generalizada a partir de discursos de fundamentação prévia que personificam o mito do dado.

E esse mito do dado, personificado nos significantes produzidos pelas Cortes Superiores, tem servido também como elemento de desoneração dos julgadores, na medida em que opera de modo a isentá-los do enfrentamento dos casos concretos.

Decorre disso, a constatação e a necessidade da superação da primazia do discurso do Outro no sentido comum teórico, porquanto a partir dele se observa uma espécie de autoanulação dos operadores do direito, juristas e doutrinadores em favor do discurso produzido pelo detentor da fala/linguagem autorizada – o Outro –, que no direito pátrio encontra personificação nos Tribunais, mormente os Superiores, e nos "atores do mundo jurídico" que professam e aplicam discursos que alimentam a cultura dos significantes –, o que acaba por fomentar a mera reprodução do direito.

Essa dependência dos operadores do direito e da dogmática jurídica em relação à presença do Outro no discurso jurídico, conforme consignado acima, e que, sem prejuízo de outras possibilidades, tem sua gênese no ensino jurídico, e prospera a partir da cultura manualesca e da mera repetição daquilo que os pretórios dizem que o direito é, precisa ser combatida com discursos autênticos, abertos, e, como disse Warat,[354] que não tenham preocupação com as aspas que adjudicam a posse do sentido ao Outro, como se ele fosse o proprietário do saber aguardando o seu reconhecimento.

Assim, acatar o discurso do Outro, como forma de (re)produção do direito, é negar as condições de possibilidade outorgadas pela Constituição da República para a construção de uma sociedade mais justa e equilibrada, é negar a própria autonomia conquistada pelo direito e, por conseguinte, desconsiderar que reside justamente nessa autonomia a sustentação do Estado Democrático de Direito.[355]

A necessária desvinculação dessa dependência do discurso do Outro no direito pátrio perpassa, logicamente, pela origem, ou seja, pela reformulação do ensino jurídico, ensinando que é preciso pensar e produzir, pois o direito é – e deve ser – produtivo, e não apenas reprodutivo, como assentado na dogmática jurídica. Passa, igualmente, pelo compromisso dos professores com um ensino jurídico que tenha por objetivo informar e não apenas formar bacharéis em direito.

Como há um consenso de que já ocorreu o esgotamento teórico dos modelos positivistas da teoria do direito,[356] e considerando que o fenômeno da estandardização do direito vem consubstanciado em generalizações, abstrações e objetivações, mediante o emprego de conceitos sem coisas, enfim, da mera reprodução de significantes, e de que a

---

[354] WARAT, Luis Alberto. *A Ciência Jurídica e seus dois maridos*. 2. ed. Santa Cruz do Sul: Edunisc, 2000, p. 71.

[355] STRECK, Lenio Luiz. Hermenêutica e (pos)positivismo? por que o ensino jurídico continua de(sin)formando os alunos? In: STRECK, Lenio Luiz; CALLEGARI, André Luís; ROCHA, Leonel Severo (Org.). *Constituição, Sistemas Sociais e Hermenêutica*: Programa de Pós-Graduação em Direito da UNISINOS: mestrado e doutorado, Porto Alegre;São Leopoldo, n. 7, p. 183, 2010.

[356] STRECK, Lenio Luiz. *O que é isto – decido conforme a minha consciência?* Porto Alegre: Livraria do Advogado, 2010, p. 91.

superação desse movimento passa pelo resgate do mundo da vida (faticidade), de uma tarefa prática, a hermenêutica filosófica se apresenta como condição de possibilidade, porquanto tem como ponto de partida a pretensão singela de que se deve permitir a realização no direito daquilo que o ser humano faz no cotidiano, ou seja, interpretar.

Dessarte, e como a tarefa a ser empreendida para a superação do paradigma vigente é prática, e a teoria professada no presente estudo, de cariz filosófico, construída por Lenio Luiz Streck, a partir da simbiose das teorias de Gadamer e Dworkin, trabalha com a pré-compreensão, tradição, coerência e integridade, e tem compromisso fundamental com a faticidade, não há dúvida de que ela se mostra plausível para o controle da estandardização do direito e resgate (salvamento) das súmulas, repercussão geral e recursos repetitivos, mormente porque não admite aplicações da lei ou de enunciados assertóricos de forma abstrata.

Trata-se de um novo olhar sobre o direito, comprometido também com as especificidades qualitativas da prestação jurisdicional, razão pela qual se apresenta consentâneo com o desiderato do presente estudo e com as necessidades do direito pátrio.

Na esteira disso, a adoção da teoria aqui professada, como condição de possibilidade para o controle da estandardização do direito e resgate dos referidos mecanismos/institutos, perpassa pelo papel desvelador da fenomenologia hermenêutica, a partir da estrutura prévia da compreensão desenvolvida por Martin Heidegger na obra *Ser e Tempo*.[357]

A partir das ilações de Heidegger, no sentido de que o ente a ser analisado "somos nós mesmos",[358] e de que o "ser humano é formador do mundo",[359] decorre a suspeita de que, no Brasil, a (in)compreensão dos operadores do direito em relação ao seu papel no mundo jurídico repercute diretamente na formação, manutenção e perpetuação do paradigma vigente de uma justiça estandardizada comprometida com as especificidades quantitativas.

Por isso que, somente a partir de um necessário reconhecer-se no mundo, não apenas como espectador, que acede à doutrina dos Tribunais Superiores, mas efetivamente como "formador do mundo", é que o operador do direito irá alcançar o horizonte para a superação

---

[357] HEIDEGGER, Martin. *Ser e tempo*. Tradução revisada de Marcia Sá Cavalcante Schuback. 4. ed. Petrópolis: Vozes, 2009, *passim*.

[358] Ibid., p. 85.

[359] HEIDEGGER apud STEIN, Ernildo. *Exercícios de fenomenologia*: limites de um paradigma. Ijuí: Unijuí, 2004, p. 295.

do paradigma da reprodução do direito. Dito diretamente, o operador do direito ignora (ou quer ignorar) a sua condição de ser-no-mundo, olvidando que a palavra de ordem proferida por Heidegger, "para as coisas mesmas",[360] apresenta-se como condição de possibilidade, porquanto consiste em "o fazer ver a partir de si mesmo o que se manifesta, assim como a partir de si mesmo se manifesta",[361] que, no caso do direito brasileiro, representa o abandonar, em definitivo, o discurso do Outro e o mito do dado.

A fenomenologia hermenêutica, portanto, possibilita ao operador do direito o desvelar de que ele se orienta necessariamente em um mundo por ele já conhecido, circunstância que se insere na pré-compreensão, ou seja, de que só compreende a si mesmo porque já antecipou uma pré-compreensão do ser.[362] Esse desvelar necessário significa dizer que o mundo não é algo simplesmente dado, à mão do operador do direito,[363] e, ainda, tampouco que ele deve simplesmente posicionar-se em frente ao mundo, mas com ele se relacionar, não através de um outro ente (discurso do Outro e mito do dado), mas a partir de si mesmo como ser-no-mundo, sofrendo, a partir disso, as consequências de suas ações e omissões.

Portanto, o operador do direito precisa ter presente (dar-se conta) que a sua relação com o mundo jurídico é instaurada desde sempre por uma compreensão prévia que ele possui do direito, assim como tem da própria vida, de sorte que ocorrido para ele o desvelar da sua condição no mundo (ser-no-mundo), isso não só irá resgatá-lo da situação de mero reprodutor do direito concebido pelo Outro, mas também resultará na superação da busca pelos discursos de fundamentação prévia professados pela dogmática jurídica como instrumentos para a compreensão do direito.

De tal modo, a fenomenologia hermenêutica, a partir de um retorno "às coisas mesmas" de que fala Heidegger,[364] representa para o operador do direito um retorno à faticidade, ao homem concreto, real, ao exercício da própria existência concreta, enfim, da vida.

Em uma última análise, esse dar-se conta que deve ocorrer para o operador do direito, ou seja, desvelar o que está velado, de que ele não

---

[360] HEIDEGGER, op. cit., p. 66.

[361] STEIN, Ernildo. *Compreensão e finitude:* estrutura e movimento da interrogação heideggeriana. Ijuí: Unijuí, 2001, p. 203.

[362] Ibid., p. 164.

[363] Ibid., p. 455.

[364] STEIN, Ernildo. *Introdução ao pensamento de Martin Heidegger.* Porto Alegre: EDIPUCRS, 2002, p. 56.

precisa ser orientado pelo Outro, seja pela cultura dos manuais ou pelo que é dito pelos Tribunais Superiores, está relacionado com a própria compreensão da vida e de suas possibilidades.

Por outro lado, a despeito da importância da salvaguarda da pré--compreensão, da tradição, da coerência e da integridade na construção do direito, mormente para a aplicação autêntica dos precedentes, é justamente no âmbito deles que se revela no direito pátrio o modo de operar inautêntico que desvirtua esses teoremas da teoria aqui adotada, transformando-os em ferramentas/instrumentos para facilitar e justificar a estandardização do direito.

Assim, impregnados pelo sentido comum teórico, os operadores do direito e a dogmática jurídica, alienados da sua condição histórica, pretendem fazer direito através de pré-juízos não suspensos, a partir da subjetividade do intérprete em cada situação ou de modo objetificado, tendo como perspectiva única, nesse caso, o que é dito/produzido pelos Tribunais Superiores, não percebendo ou não querendo perceber que submergem em uma tradição inautêntica.

E a inautenticidade desse discurso professado pela dogmática jurídica reside justamente nesse desiderato de dar tratamento "igual a situações iguais" somente a partir da tese jurídica, ignorando as questões fáticas, e, por conseguinte, o mundo da vida. Tal perspectiva, de promover a coerência e integridade do direito apenas em face da questão jurídica, é, em uma palavra, acreditar em conceitos sem coisas, numa espécie de metafísica no (do) direito, o que irá produzir, inevitavelmente, a estandardização do direito.

A tradição do direito, que irá ensejar a coerência e integridade, não poderá decorrer de pautas gerais e da utilização descontextualizada de significantes, como resulta do modo de agir difundido pela dogmática jurídica, mas de uma sucessão de casos concretos.

Dessarte, e para que as coisas fiquem bem claras, coerência e integridade no direito não podem ser o resultado de um artificialismo doutrinário que tem como fundamento a simples confrontação de teses jurídicas em abstrato, uma espécie de "vale tudo" jurisprudencial, mas, sim, o produto de uma efetiva realidade, enfim, de uma tradição de fato existente no direito – tradição autêntica. A par disso, faz-se necessária a formação de uma cultura jurídica onde o intérprete reconheça a sua condição de ser-no-mundo, ciente de que cada interpretação deve estar inserida no mundo histórico.

Daí por que a necessidade da salvaguarda dos teoremas da pré--compreensão, tradição, coerência e integridade, pilares da teoria aqui professada, porquanto um juízo autêntico deles irá oportunizar, gradativamente, o controle da estandardização do direito, assim como o resgate hermenêutico das súmulas, repercussão geral e recursos repetitivos.

Nessa esteira, e a partir da teoria desenvolvida por Lenio Luiz Streck, e dos pressupostos que ele tem denominando de "mínimo é" e "grau de objetivação abrangente", é que decorrem as condições de possibilidade para combater esse modo de operar inautêntico da dogmática jurídica que resulta na estandardização do direito e no desvirtuamento das súmulas, repercussão geral e recursos repetitivos, porquanto tem como perspectiva uma tradição autêntica do direito, construída com fundamento em uma cadeia de casos concretos, sem abstrações e generalizações, que resultam em deduções/subsunções, ou casuísmos produzidos a partir da subjetividade do intérprete.

Esse "mínimo é", de que fala Streck, representa a especificidade que irá diferenciar o caso em liça (ou não) da cadeia de julgamentos até então proferidos pelo Tribunal, e que deu origem à súmula, repercussão geral e recurso repetitivo.

Dito de outro modo, em cada súmula ou decisão em que foi reconhecida a repercussão geral e também a existência de um recurso repetitivo existe um "DNA", decorrente das inúmeras situações concretas que deram ensejo e conformaram a pré-compreensão do intérprete nos primeiros casos, que precisa ser identificado para permitir a aplicação da decisão concebida como precedente aos novos casos, nos quais também será preciso identificar a existência desse "mínimo é" para a admissão do prosseguimento da cadeia decisional, proporcionando, assim, um "grau de objetivação abrangente".

E esse "grau de objetivação abrangente", que não poderá ser arbitrário, porquanto terá de observar a integridade e coerência do direito, enfim, uma tradição autêntica, assegurada, sempre, pela fundamentação adequada, que deve ser concebida como um dever fundamental de juízes e tribunais,[365] é que irá possibilitar a aplicação das súmulas, repercussão geral e recursos repetitivos aos novos casos, sem o sacrifício do caso concreto, do desvirtuamento do precedente e perpetuação da estandardização do direito.

Portanto, esse "mínimo é", que se afigura como condição de possibilidade para o "grau de objetivação abrangente", não deve/pode ser concebido como uma essência ou extrato metafísico do precedente, porquanto não se trata exclusivamente de uma questão de direito, abstraída da questão de fato, tal como a dogmática jurídica concebe os

---

[365] STRECK, Lenio Luiz. *O que é isto – decido conforme a minha consciência?* Porto Alegre: Livraria do Advogado, 2010, p. 96-97.

precedentes, mas sim da especificidade do caso concreto (coisa mesma) que originou o precedente, e que irá permitir uma ligação hermenêutica com o caso em análise.

Dessarte, é justamente nesse aspecto, acima delineado, que reside a diferença substancial da solução aqui preconizada com o modo de operar da dogmática jurídica, e que, por conseguinte, irá proporcionar o resgate dos mecanismos em análise, e, ainda, o controle da estandardização do direito. Ou seja, enquanto a dogmática jurídica, num claro déficit hermenêutico, considera a *ratio decidendi* como apenas uma questão de direito, abstraída da questão de fato, a teoria aqui professada sempre levará em conta uma tradição autêntica do direito para a aplicação/construção de um precedente, pois, para ela, direito e fato são inseparáveis, razão pela qual esse "mínimo é" não irá permitir generalizações e abstrações, tampouco casuísmos, porquanto ele representa a faticidade que deu origem à súmula, ou da decisão em que foi reconhecida a existência da repercussão geral ou recurso repetitivo, enfim, a coisa mesma (caso concreto).

Desse modo, e tendo-se em conta o que é preconizado pela teoria aqui adotada, faz-se necessário que os operadores do direito passem a questionar a origem dos precedentes aplicados de forma generalizada pela dogmática jurídica, buscando identificar esse "mínimo é" de que fala Streck, providência que deve começar com a mudança paradigmática em relação ao modo de demonstrar a existência de um precedente, o que não pode ser mais empreendido a partir da simples indicação de ementas/verbetes.

Nesse sentido, é preciso ler – sempre – o acórdão na íntegra, para conhecer o que efetivamente foi decidido, superando o hábito de um saber jurídico e de uma tradição fragmentados, pois não há com pensar em integridade e coerência no direito brasileiro sem um compromisso efetivo de investigar aquilo que foi tratado/decidido no caso concreto.

É preciso observar, ainda, o que parece estar distante do raciocínio da dogmática jurídica, haja vista o *modus operandi* por ela difundido, que a súmula, assim como os topoi em que foi reconhecida a existência da repercussão geral ou de um recurso repetitivo não carregam o seu próprio sentido. Crer na possibilidade de que esses topoi carreguem o seu próprio significado, como impera no sentido comum teórico, é acreditar em conceitos sem coisas, em respostas definitivas, a partir do congelamento de sentidos, e no próprio sequestro da temporalidade.

Por isso, e combatendo esse sentido comum teórico, é preciso compreender, a partir do que ensinou Gadamer, que uma resposta dada pelo Poder Judiciário é construída para resolver aquele caso em que foi desatada a pergunta (caso concreto), e não outros, muito menos casos futuros.

Isso, evidentemente, não quer significar que a resposta dada a determinado caso não possa ser estendida a outros casos – enquanto pré-compreensão – contanto que seja observado, rigorosamente, o que está sendo perguntado no caso presente, em julgamento, e o seu necessário confronto com o que foi perguntado e respondido no caso pretérito.

Em tal circunstância, identificada a existência de um "mínino é" entre os casos confrontados – presente e passado, a partir da observação das perguntas e respostas –, a possibilitar um "grau de objetivação abrangente", terá sido encontrado o fio condutor da tradição autêntica a ensejar a aplicação do precedente, enfim, da possibilidade da formação ou manutenção de uma cadeia decisional, e, por conseguinte, o controle da estandardização do direito e o resgate hermenêutico das súmulas, repercussão geral e recursos repetitivos.

Inarredável, portanto, a partir do que foi explicitado no presente trabalho, que a hermenêutica filosófica aqui adotada oferece as condições de possibilidade para o controle da estandardização do direito, e, por conseguinte, para o resgate (salvamento) das súmulas (comuns e vinculantes), repercussão geral e recursos repetitivos, para que eles possam servir a propósitos mais nobres para o direito, tal como a preservação da função das Cortes Superiores e a construção de uma tradição autêntica no direito pátrio, mormente porque, fundamentalmente, não são um mal em si.[366]

Apesar dessa perspectiva absolutamente viável e positiva para o sistema jurídico brasileiro, é preciso que continuem a ser desveladas as práticas inautênticas da dogmática jurídica,[367] como forma de possibilitar a visualização do adversário a ser combatido, que, no caso, do direito pátrio, sem dúvida, é e continuará a ser o fenômeno da estandardização do direito professado liturgicamente pelos operadores do direito, mesmo que em prejuízo próprio, porquanto nem sequer está em vigor o novo Código de Processo Civil, na medida em que ainda se trata de um projeto de lei, que, como antes visto, em última análise, vem reafirmar os ideais da estandardização do direito, e já está sendo empreendida nova tentativa de perpetuação desse fenômeno da quantificação do direito, desta vez a partir da denominada "PEC dos

---

[366] STRECK, Lenio Luiz. *Súmulas no direito brasileiro, eficácia, poder e função*: a ilegitimidade constitucional do efeito vinculante. 2. ed. Porto Alegre: Livraria do Advogado, 1998, p. 249.

[367] Cf. STRECK, Lenio Luiz. *Jurisdição constitucional e hermenêutica*: uma nova crítica do direito. 2. ed. Rio de Janeiro: Forense, 2004, p. 285.

Recursos", que, conforme recentemente noticiado no site do Supremo Tribunal Federal, já conta com o apoio da magistratura.[368]

Nesse aspecto, é preciso atentar para os discursos que apontam soluções para a crise do Poder Judiciário sem o enfrentamento de questões fundamentais, e que estão na origem dessa crise, como as que foram tratadas no presente trabalho. Dito de outro modo, soluções *ad hoc* não irão suplantar a crise do Poder Judiciário, porquanto o enfrentamento dela não requer apenas a contenção de demandas de massa e a supressão de recursos, que, em última análise, em face do modo de operar jurídico vigente, implicará, na prática, na violação de direitos e garantias fundamentais, mas, sim, comprometimento inarredável com decisões bem fundamentadas e que tenham por análise o caso concreto, e não somente as teses jurídicas.

Da mesma forma, é necessário ter cuidado com os professadores de discursos que semeiam, geralmente em tom de dramaticidade, a impossibilidade da superação do paradigma vigente, produzidos a partir de "máximas" no sentido de que todos trabalham muitas horas por dia e não conseguem amenizar a crise do Poder Judiciário ou, ainda, de que se mostra inviável a apreciação efetiva/particularizada das demandas, mas sem jamais cogitar da possibilidade de que a preocupação dos juristas e operadores do direito deve ser com a vida real, enfim, com o resgate da faticidade, e que isso, fatalmente, pode significar um importante começo para a construção de um novo modelo jurídico, preocupado também com as efetividades qualitativas e não apenas com teses jurídicas e "entendimentos consolidados nas Cortes Superiores".

É preciso, em uma última palavra, diante desse contexto em que as coisas mesmas foram exorcizadas dos processos, debater profundamente as práticas dos "atores do mundo jurídico", buscando alternativas que efetivamente estejam compromissadas com a vida real, como se apresenta a hermenêutica filosófica, e que, fundamentalmente, tenham como pressuposto que a hermenêutica é vida, e que o grande desafio é aplicar o direito ao mundo da vida,[369] pois, ao final, é isso o que irá fazer a diferença e, gradativamente, trazer a solução.

---

[368] MAGISTRATURA manifesta apoio integral à PEC dos Recursos. *Notícia STF*, 31 maio 2011. Disponível em: <http://www.stf.jus.br/portal/cms/verNoticiaDetalhe.asp?idConteudo=180880>. Acesso em: 07 jun. 2011.

[369] STRECK, Lenio Luiz. *Hermenêutica jurídica e (m) crise:* uma exploração hermenêutica da construção do direito. 6. ed. Porto Alegre: Livraria do Advogado, 2005, p. 286.

Referências

AGRAVOS, repetitivos e meta 2 são os destaques do mutirão deste sábado no STJ. Disponível em: <http://www.stj.gov.br>. Acesso em: 30 nov. 2009.

ARENDT, Hannah. *A condição humana*. Tradução de Roberto Raposo. 10. ed. Rio de Janeiro: Forense, 2005.

———. *A vida do espírito. Pensar*. Tradução de João C. S. Duarte. Lisboa: Instituto Piaget, 1978. v. 1.

ARAÚJO. José Henrique Mouta. Processos repetitivos e o desafio do judiciário: rescisória contra interpretação de lei federal. *Revista de Processo*, São Paulo, n. 183, p. 145-164, 2010.

BAUMAN, Zygmunt. *Globalização*: as consequências humanas. Tradução de Marcus Penchel. Rio de Janeiro: Jorge Zahar, 1999.

———. *Modernidade líquida*. Tradução de Plínio Dentzien. Rio de Janeiro: Jorge Zahar, 2001.

BASTOS. Antônio Adonias Aguiar. Situações jurídicas homogêneas: um conceito necessário para o processamento das demandas de massa. *Revista de Processo*, São Paulo, n. 186, p. 87-107, 2010.

BORDIEU, Pierre. *A economia das trocas linguísticas*. São Paulo: USP, 1996.

BRASIL. Constituição (1988), *Constituição da República Federativa do Brasil*: promulgada em 5 de outubro de 1988. 40. ed. São Paulo: Saraiva, 2007.

BRASIL. Supremo Tribunal Federal (STF). *Questão de ordem no agravo de instrumento*. AI 664567 QO/RS – Rio Grande do Sul. Agravante: Orlando Duarte Alves. Agravado: Ministério Público do Estado do Rio Grande do Sul. Relator Min. Sepúlveda Pertence. Brasília – DF. Julgamento em: 18 de junho de 2007, Tribunal Pleno. Publicado em: 06 set. 2007.

BRASIL. Superior Tribunal de Justiça (STJ). (4. Turma). *REsp 505697/RS – Rio Grande do Sul – Recurso Especial*. Recorrente: Banco do Estado do Rio Grande do Sul S/A. Recorrido: Marsiaj Oliveira Incorporações Imobiliárias Ltda. Relator Min. Aldir Passarinho Junior. Brasília – DF. Julgamento em: 05 de junho de 2007. Publicado em: 24 set. 2007.

CAPPELLETTI, Mauro; GARTH, Bryant. *Acesso à justiça*. Tradução de Ellen Gracie Northfleet. Porto Alegre: Fabris, 1988.

CITTADINO, Gisele. *Pluralismo, direito e justiça distributiva*: elementos da filosofia constitucional contemporânea. 4. ed. Rio de Janeiro: Lumen Juris, 2009.

DALLARI, Dalmo de Abreu. *O poder dos juízes*. 2 ed. rev. São Paulo: Saraiva, 2002.

DANTAS. Bruno. *Lei de Recursos Repetitivos pode se tornar obsoleta*. Disponível em: <http://www.conjur.com.br>. Acesso em: 25 jun. 2010.

DWORKIN, Ronald. *Uma questão de princípio*. Tradução de Luís Carlos Borges. São Paulo: Martins Fontes, 2001.

———. *Império do direito*. Tradução de Luís Carlos Borges. São Paulo: Martins Fontes, 2007.

———. *A justiça de toga*. Tradução de Jefferson Luiz Camargo. São Paulo: Martins Fontes, 2010.

FOUCAULT, Michel. *Vigiar e punir*. nascimento da prisão. Tradução de Raquel Ramalhete. 30 ed. Petrópolis: Vozes, 2005.

FUX, Luiz. *Luiz Fux defende submissão de juízes às decisões de cortes superiores*. Disponível em:<http://www.stj.gov.br>. Acesso em: 15 out. 2010.

_____. *Nova reforma do Judiciário traz promessa de menos recursos*. Razoabilidade. Disponível em: <http://www.stj.gov.br>. Acesso em: 15 out. 2010.

GADAMER, Hans-Georg. *Verdade e método I:* traços fundamentais de uma hermenêutica filosófica. Tradução de Flávio Paulo Meurer, com nova revisão da tradução por Enio Paulo Giachini. 6. ed. Petrópolis: Vozes, 2004.

_____. *Verdade e método II:* complementos e índice. Tradução de Enio Paulo Giachini. 5. ed. Petrópolis: Vozes, 2010.

_____. *Hermenêutica em retrospectiva*. Tradução de Marco Antônio Casanova. Petrópolis: Vozes, 2009.

HEIDEGGER, Martin. *Ser e tempo*. Tradução revisada de Marcia Sá Cavalcante Schuback. 4. ed. Petrópolis: Vozes, 2009.

HELLER, Agnes. *Além da justiça*. Tradução de Savannah Hartmann. Civilização Brasileira. Rio de Janeiro, 1998.

IMPACTO econômico e social das decisões. Disponível em: <http://www.stj.gov.br>. Acesso em: 30 mar. 2009.

JUSTIÇA Estadual lançará projeto inédito para concisão em petições e sentenças. Disponível em: <http://www1.tjrs.jus.br/site/imprensa/noticias>. Acesso em: 05 nov. 2010

KAUFMANN, Arthur. *Filosofia do direito*. Tradução de António Ulisses Cortês. 3. ed. Lisboa: Fundação Calouste Gulbenkian, 2009.

KELSEN, Hanz. *Teoria pura do direito*. Tradução de João Baptista Machado. 7. ed. São Paulo: Martins Fontes, 2006.

KUHN, Thomas S. *A estrutura das revoluções científicas*. Tradução de Beatriz Viana Boeira e Nelson Boeira. 9. ed. São Paulo: Perspectiva, 2005.

LACAN, Jacques. *Escritos*. Tradução de Vera Ribeiro. Rio de Janeiro: Jorge Zahar, 1998.

_____. *O Seminário:* livro 2 o eu na teoria de Freud e na técnica da psicanálise. Tradução de Marie Christine Laznik Penot. 4. ed. Rio de Janeiro: Jorge Zahar, 1995.

LEGARRE, Santiago. El requisito de la trascendencia em el recurso extraordinario. Buenos Aires: Abeledo–Perrot, 1994.

LEGENDRE, Pierre. *O amor do censor:* ensaio sobre a ordem dogmática. Tradução de Aluísio Menezes e Potiguara Mendes da Silveira Jr. Rio de Janeiro: Forense-Universitária, 1983.

MACCORMICK, Neil. *Retórica e o Estado de Direito:* uma teoria da argumentação jurídica. Tradução de Conrado Hübner Mendes e Marcos Paulo Veríssimo. Rio de Janeiro: Elsevier, 2008.

MAGISTRATURA manifesta apoio integral à PEC dos Recursos. Notícia STF, 31 maio 2011. Disponível em: <http://www.stf.jus.br/portal/cms/verNoticiaDetalhe.asp?idConteudo=180880>. Acesso em: 07 jun. 2011.

MARINONI, Luiz Guilherme. *Precedentes obrigatórios*. São Paulo: Revista dos Tribunais, 2010.

MELMAN, Charles. *O homem sem gravidade:* gozar a qualquer preço. Tradução de Sandra Regina Felgueiras. Rio de Janeiro: Companhia de Freud, 2003.

MOREIRA. José Carlos Barbosa. A função social do processo civil moderno e o papel do juiz e das partes na direção e na instrução do processo. *Revista de Processo*, São Paulo, n. 37, p. 140-150, 1985.

MUTIRÃO realizado no último sábado, no STJ, resultou no exame de mais de 600 processos. Disponível em: <http://www.stj.gov.br>. Acesso em: 04 dez. 2009.

NEVES, Castanheira. *O direito hoje e com que sentido?* o Problema actual da autonomia do Direito. Lisboa: Instituto Piaget, 2002.

ORWELL, George. *1984*. Tradução Alexandre Hubner, Heloísa Jahn. São Paulo: Companhia das Letras, 2010.

OST, François. *O tempo do direito*. Tradução de Maria Fernanda Oliveira. Lisboa: Instituto Piaget, 1999.

PLATÃO. *A República*. São Paulo: Martin Claret, 2001. cap. 7.

PERELMAN, Chäim. *Lógica jurídica:* nova retórica. Tradução de Vergínia K. Pupi, 2. ed. São Paulo: Martins Fontes, 2004.

PINEAU, Gaston. O sentido do sentido. In: NICOLESCU, Basarab et al. *Educação e transdisciplinaridade.* Tradução de Judite Vero, Maria F. de Mello e Amércio Sommerman. Brasília: UNESCO, 2000. p. 31-56.

RAMIRES, Maurício. *Crítica à aplicação de precedentes no direito brasileiro.* Porto Alegre: Livraria do Advogado, 2010.

RIO GRANDE DO SUL. Tribunal de Justiça (TJRS). (3. Câmara Especial Cível). *Agravo de Instrumento (AI) 70035425693.* Agravantes: Juçara de Abreu Silveira e Cleci Teresinha Marques Coelho. Agravado: Estado do Rio Grande do Sul. Relator: Des. Leonel Pires Ohlweiler. Julgado em: 18 de maio de 2010. Publicado em: 24 jun. 2010.

ROSA, Alexandre Morais da. O hiato entre a hermenêutica filosófica e a decisão judicial. In: STEIN, Ernildo; STRECK, Lenio Luiz; (Org.). *Hermenêutica e epistemologia:* 50 anos de Verdade e Método. Porto Alegre: Livraria do Advogado, 2011. p. 127-131.

——; LINHARES, José Aroso. *Diálogos com law & economics.* Rio de Janeiro: Lumen Juris, 2009.

SALDANHA, Jânia Maria Lopes. *O desvelar (alethéia) da sumariedade como condição de possibilidade para uma prestação jurisdicional efetiva:* uma tentativa de substancialização do direito processual civil. Tese (Doutorado). Universidade do Vale do Rio dos Sinos, 2004, São Leopoldo – RS.

SARNEY, José. *PLS – Projeto de lei do Senado, nº 166 de 2010.* Reforma do código de processo civil. Disponível em: <http://www.senado.gov.br>. Acesso em: 15 out. 2010.

SAUSEN, Dalton. *A repercussão geral no recurso extraordinário:* perspectiva hermenêutica. Porto Alegre: Dom Quixote, 2007.

——. Reflexões sobre a justiça atual: a insuficiência/ausência dos critérios de justiça almejados e os instrumentos de estandardização e bloqueio de acesso à justiça. *Revista de Processo,* São Paulo, n. 179, p. 336-359, 2010.

SILVA, Ovídio A. Baptista da. Advocacia de tempos de crise. *Revista Magister de Direito Civil e Processual Civil,* Porto Alegre, n. 28, p. 95-106, 2009.

——. Jurisdição, direito material e processo. Rio de Janeiro: Forense, 2008.

——. *Processo e ideologia:* o paradigma racionalista. Rio de Janeiro: Forense, 2004.

——. Da função à estrutura. *Revista de Processo,* São Paulo, n. 158, p. 9-19, 2008.

STEIN, Ernildo. *Aproximações sobre hermenêutica.* 2. ed. Porto Alegre: EDIPUCRS, 2004.

——. *Diferença e metafísica:* ensaios sobre a desconstrução. Porto Alegre: EDIPUCRS, 2000.

——. *Exercícios de fenomenologia:* limites de um paradigma. Ijuí: Unijuí, 2004.

——. *Compreensão e finitude:* estrutura e movimento da interrogação heideggeriana. Ijuí: Unijuí, 2001.

——. Introdução ao pensamento de Martin Heidegger. Porto Alegre: EDIPUCRS, 2002.

STRECK, Lenio Luiz. O efeito vinculante das súmulas e o mito da efetividade: uma crítica hermenêutica. *Revista do Instituto de Hermenêutica Jurídica,* Porto Alegre, v. 1, n. 3, p. 83-128, 2005.

——. O que é isto – decido conforme a minha consciência? Porto Alegre: Livraria do Advogado, 2010.

——. *Súmulas no direito brasileiro, eficácia, poder e função:* a ilegitimidade constitucional do efeito vinculante. 2. ed. Porto Alegre: Livraria do Advogado, 1998.

——. *Hermenêutica jurídica e (m) crise:* uma exploração hermenêutica da construção do direito. 6. ed. Porto Alegre: Livraria do Advogado, 2005.

——. Hermenêutica e concretização da constituição: as possibilidades transformadoras do direito. *Revista Latino-Americana de Estudos Constitucionais,* Belo Horizonte, v. 1, n. 1, p. 703-704, 2003.

——. Hermenêutica e decisão jurídica: questões epistemológicas. In: STEIN, Ernildo; STRECK, Lenio Luiz (Org.). *Hermenêutica e epistemologia:* 50 anos de verdade e método. Porto Alegre: Livraria do Advogado, 2011. p. 153-172.

―――. *Verdade e consenso:* constituição, hermenêutica e teorias discursivas. Da possibilidade à necessidade de respostas corretas em Direito. 3. ed. Rio de Janeiro: Lumen Juris, 2009.

―――. Súmulas vinculantes em terrae brasilis: necessitamos de uma teoria para a elaboração de precedentes? *Revista Brasileira de Ciências Criminais*, São Paulo, n. 78, p. 284-319, 2009.

―――. *Direito sumular. Carta Forense*, dezembro de 2008. Disponível em: <http://www.cartaforense.com.br>. Acesso em: 24 mar. 2009.

―――. Hermenêutica e (pos)positivismo? por que o ensino jurídico continua de(sin) formando os alunos? In: STRECK, Lenio Luiz; CALLEGARI, André Luís; ROCHA, Leonel Severo (Org.). *Constituição, Sistemas Sociais e Hermenêutica:* Programa de Pós-Graduação em Direito da UNISINOS: mestrado e doutorado, Porto Alegre;São Leopoldo, n. 7, p. 163-185, 2010.

―――. Da interpretação de textos à concretização de direitos: a incindibilidade entre interpretar e aplicar a partir da diferença ontológica (ontologische differentz) entre texto e norma. In: STRECK, Lenio Luiz; CALLEGARI, André Luís; ROCHA, Leonel Severo (Org.). *Constituição, Sistemas Sociais e Hermenêutica:* Programa de Pós-Graduação em Direito da UNISINOS: mestrado e doutorado, Porto Alegre; São Leopoldo, n. 2, p. 137-180, 2006.

―――. *Jurisdição constitucional e hermenêutica:* uma nova crítica do direito. 2 ed. Rio de Janeiro: Forense, 2004.

TARUFFO, Michele. *El vértice ambiguo:* ensayos sobre la cassación civil. Lima: Palestra, 2005.

VIAL, Sandra Regina Martini. Democracia: liberdade, igualdade e poder. In: STRECK, Lenio Luiz; MORAIS, Jose Luis Bolzan de Morais (Org.). *Constituição, Sistemas Sociais e Hermenêutica:* programa de pós-graduação em direito da UNISINOS: mestrado e doutorado, Porto Alegre; São Leopoldo, n. 5, p. 189-205, 2009.

VIANNA, Luiz Werneck et al. A judicialização da política e das relações sociais no Brasil. Rio de Janeiro: Revan, 1999.

WALDRON, Jeremy. *A dignidade da legislação.* Tradução de Luís Carlos Borges. São Paulo: Martins Fontes, 2003.

WAMBIER, Teresa Arruda Alvim; MEDEIROS, Maria Lúcia Lins Conceição de. Recursos repetitivos: realização integral da finalidade do novo sistema impõe mais do que a paralisação dos recursos especiais que estão no 2º grau. *Revista de Processo*, São Paulo, n. 191, p. 187-197, 2011.

WARAT, Luis Alberto. *A Ciência Jurídica e seus dois maridos.* 2. ed. Santa Cruz do Sul: Edunisc, 2000.

―――. *Introdução geral ao direito II:* a epistemologia jurídica da modernidade. Tradução de Jose Luis Bolzan. Porto Alegre: Fabris, 1995.

ZAGREBELSKY, Gustavo. *El derecho dúctil*: ley, derechos, justicia. 3. ed. Madrid: Editorial Trotta, 1999.

ZIZEK, Slavoj. *A visão em paralaxe.* Tradução de Maria Beatriz de Medina. São Paulo: Boitempo, 2008.

―――. (Org.). Como Marx inventou o sintoma. In: ZIZEK, Slavoj. *Um mapa da ideologia.* Tradução de Vera Ribeiro. Rio de Janeiro: Contraponto, 1999.

―――. *Eles não sabem o que fazem:* o sublime objeto da ideologia. Tradução de Vera Ribeiro. Rio de Janeiro: Jorge Zahar, 1992.

―――; DALY, Glyn. *Arriscar o impossível:* conversas com Zizek. Tradução de Vera Ribeiro. São Paulo: Martins Fontes, 2006.

Impressão:
Evangraf
Rua Waldomiro Schapke, 77 - POA/RS
Fone: (51) 3336.2466 - (51) 3336.0422
E-mail: evangraf.adm@terra.com.br